FORMULAIRE

DE QUALIFICATIONS

CRIMINELLES ET CORRECTIONNELLES.

Poitiers. — Typ. de A. DUPRÉ.

FORMULAIRE

DE QUALIFICATIONS

CRIMINELLES ET CORRECTIONNELLES

CORRESPONDANT

A TOUS LES ARTICLES DU CODE PÉNAL

ET AUX LOIS SPÉCIALES LE PLUS FRÉQUEMMENT APPLIQUÉES

A L'USAGE DE MM. LES PRÉSIDENTS, JUGES, PROCUREURS
IMPÉRIAUX, SUBSTITUTS, JUGES DE PAIX, GREFFIERS
ET DE TOUS CEUX QUI SE DESTINENT A LA
MAGISTRATURE

RECUEIL INDISPENSABLE

**Pour la rédaction des citations, réquisitoires, ordonnances des
Juges d'instruction, dispositifs des arrêts et jugements**

PAR

G.-P. PONCIN

COMMIS-GREFFIER DU TRIBUNAL DE PREMIÈRE INSTANCE DE POITIERS,
ANCIEN SECRÉTAIRE DU PROCUREUR GÉNÉRAL.

DEUXIÈME ÉDITION

POITIERS
IMPRIMERIE DE A. DUPRÉ
RUE DE LA MAIRIE, 10
—
1867

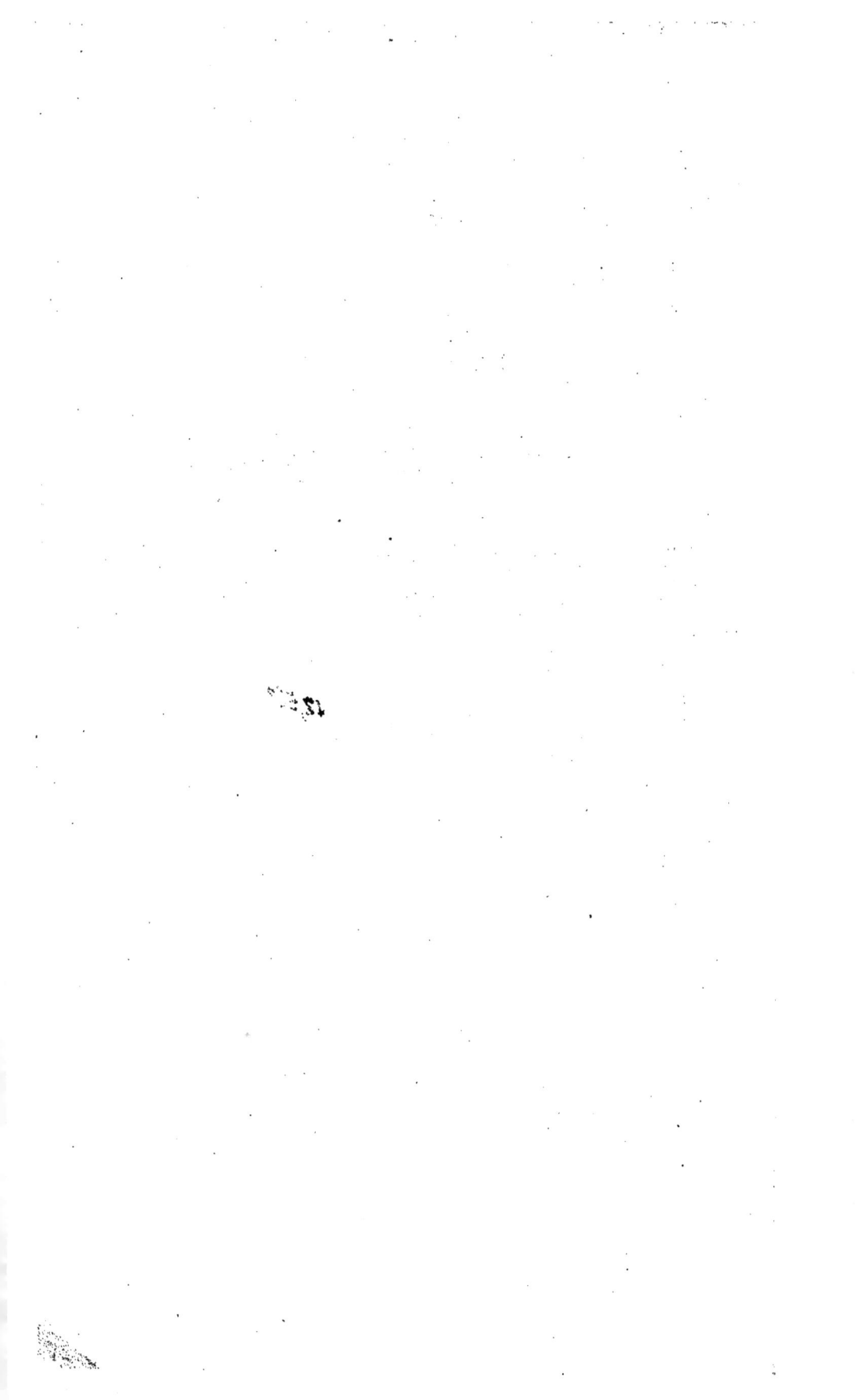

Les magistrats éprouvent souvent des difficultés, surtout au début de leur carrière, pour qualifier les crimes ou les délits dont ils ont à poursuivre la répression devant les tribunaux. Les recherches qu'ils sont obligés de faire à cet égard pour appliquer la loi leur occasionnent quelquefois un surcroît de travail et toujours une perte de temps. Le FORMULAIRE dont il s'agit a pour but d'obvier à ces inconvénients; il correspond exactement à tous les articles du code pénal et aux lois spéciales le plus fréquemment appliquées.

Le choix des formules recueillies, le classement par lettres alphabétiques de tous les crimes et délits, l'utilité pratique de cet ouvrage, *entièrement nouveau*, pour la rédaction des citations, réquisitoires, ordonnances des juges d'instruction, dispositifs des arrêts et jugements, recommandent d'une manière particulière ce FORMULAIRE à l'attention de MM. les magistrats.

Le bienveillant accueil qui a été fait à ce modeste travail, dont la première édition se trouve aujourd'hui épuisée, quoiqu'elle ait été imprimée

quelques mois seulement avant la promulgation
d'une loi qui devait en changer toute l'économie,
a décidé l'auteur à faire une seconde édition.

Cette nouvelle édition, mise en rapport avec la
loi du 13 mai 1863, a été augmentée de nom-
breuses qualifications, surtout en ce qui concerne
les faux; elle comprend actuellement près de
300 formules en cette matière importante.

PREMIÈRE PARTIE.

QUALIFICATIONS CRIMINELLES.

QUALIFICATIONS CRIMINELLES.

Abus d'autorité.

—

Art. 188 du code pénal.

D'avoir, le....., en la commune de....., agissant en qualité d'agent ou préposé du gouvernement, requis ou ordonné, fait requérir ou ordonner l'action ou l'emploi de la force publique contre l'exécution d'une loi ou contre la perception d'une contribution légale.

᠆᠊᠆

Art. 189 du code pénal.

Avec cette circonstance que ladite réquisition ou ledit ordre ont été suivis de leur effet.

᠆᠊᠆

Art. 191 du code pénal.

Lesquels ordre ou réquisition ont été suivis d'un homicide volontaire commis sur la personne du nommé..... (295, 304).

᠆᠊᠆

1

CONTRE LES PARTICULIERS.

Art. 186 du code pénal.

D'avoir, le....., en la commune de....., agissant en qualité d'agent ou préposé du gouvernement ou de la police, sans motifs légitimes, usé ou fait user de violences envers le sieur R..., dans l'exercice ou à l'occasion de l'exercice de ses fonctions.

Abus de blanc seing et usage.

—

Art. 407, § 2, 150, 151 (164) du code pénal.

1o D'avoir, dans le cours de l'année 186....., au village de....., abusé d'un blanc seing qui ne lui avait pas été confié, en écrivant frauduleusement au-dessus de la signature S..... une obligation ou décharge pouvant compromettre la fortune dudit S....., signataire dudit blanc seing.

Art. 151 du code pénal.

2o D'avoir, le....., dans l'étude du sieur R....., notaire à....., fait sciemment usage dudit blanc seing, après en avoir ainsi abusé, en le présentant au sieur

R....., pour obtenir de lui la remise d'un billet de mille francs qu'il avait souscrit au profit du nommé S..... à la date du.....

Abus de confiance qualifié.

—

Art. 408, § 2, du code pénal.

D'avoir, vers la fin du mois de mai ou dans les premiers jours du mois de juin 186....., détourné ou dissipé au préjudice du sieur V..... un sac de farine qui ne lui avait été remis, en la commune de....., qu'à titre de mandat et à la charge par lui de le conduire et livrer à un correspondant du sieur V.....;

D'avoir commis cet abus de confiance au préjudice dudit sieur V....., dont il était le domestique ou l'homme de service à gages.

D'avoir, depuis moins de dix ans, en la commune de....., détourné ou dissipé au préjudice de M. P..... une somme d'argent qui ne lui avait été remise qu'à titre de mandat et à la charge par lui de la remettre au sieur A..... ;

D'avoir commis cet abus de confiance alors qu'il était au service du sieur P..... en qualité de domestique ou d'homme de service à gages.

Art. 408, § 2, du code pénal.

D'avoir, dans le courant du mois de....., en la commune de....., détourné ou dissipé au préjudice de l'école de..... une ou plusieurs sommes d'argent qui ne lui avaient été remises qu'à titre de dépôt ou de mandat, à la charge par lui de les rendre ou représenter ou d'en faire un usage ou un emploi déterminé ;

D'avoir commis les faits ci-dessus spécifiés alors qu'il était salarié par ladite école, soit comme adjoint au directeur, soit comme directeur intérimaire, pour effectuer certaines recettes et tenir la comptabilité.

D'avoir, dans le cours de l'année....., en la commune de....., détourné ou dissipé, au préjudice de la compagnie du chemin de fer d'Orléans, des deniers qui ne lui avaient été remis qu'à titre de mandat, à la charge par lui de les rendre ou représenter ou d'en faire un usage ou un emploi déterminé;

D'avoir commis les faits ci-dessus spécifiés alors qu'il était l'homme de service à gages de la compagnie d'Orléans, en qualité de chef de station à.....

PAR UN OFFICIER PUBLIC OU MINISTÉRIEL.

D'avoir, le....., à P....., détourné ou dissipé au préjudice du sieur V..... une somme d'argent qui ne lui avait été confiée qu'à titre de mandat et à la charge par lui de la remettre au sieur V.....;

Ou de payer un prix de vente, un achat de fonds publics ou des droits d'enregistrement ;

Ou d'en faire un usage ou un emploi déterminé;

D'avoir commis cet abus de confiance alors qu'il était officier public (*ou* ministériel) ;

Ou alors que la somme qu'il a détournée ou dissipée ne lui avait été remise qu'en sa qualité de notaire *ou* d'huissier.

Arrestation arbitraire.

—

Art. 114 du code pénal.

D'avoir, le......, en la commune de....., agissant en qualité d'officier de police judiciaire, commis un acte arbitraire et attentatoire à la liberté individuelle du sieur R....., en le faisant arrêter par la gendarmerie.

Assassinats.

—

PRÉMÉDITATION.

Art. 295, 296, 297, 302 du code pénal.

D'avoir, le....., en la commune de....., volontairement donné la mort à la nommée Marie V..... ;

D'avoir commis ce crime après avoir formé, avant l'action, le dessein d'attenter à la personne de ladite Marie V.....

~~

GUET-APENS.

Art. 295, 296, 298 et 302 du code pénal.

D'avoir, dans la nuit du 4 au 5 janvier 186....., en la commune de....., commis un homicide volontaire sur la personne du nommé S..... ;

D'avoir commis cet homicide volontaire :
Après avoir attendu plus ou moins de temps, dans le lieu où le meurtre a été commis, ledit S..... pour lui donner la mort.

~~

PRÉMÉDITATION ET GUET-APENS.

Art. 295, 296, 297, 298, 302 du code pénal.

D'avoir, le....., en la commune de......, volontairement donné la mort au nommé V..... ;

D'avoir commis cet homicide volontaire :
1° Après avoir formé avant l'action le dessein d'attenter à la vie dudit V..... ;
2° Après avoir attendu plus ou moins de temps, dans le lieu où le meurtre a été commis, ledit sieur S..... pour lui donner la mort.

~~

TENTATIVE D'ASSASSINAT.

Art. 2, 295, 296, 297, 298, 302 du code pénal.

D'avoir, le....., en la commune de....., tenté de donner volontairement la mort au nommé R.....,

. Laquelle tentative, manifestée par un commencement d'exécution, n'a été suspendue ou n'a manqué son effet que par des circonstances indépendantes de la volonté de son auteur ;

D'avoir commis cette tentative d'homicide volontaire :

1° Après avoir formé à l'avance le dessein d'attenter à la vie du sieur R..... ;

2° De l'avoir commise après avoir attendu pendant plus ou moins de temps ledit R..... dans un lieu pour lui donner la mort.

Art. 2, 295, 296, 297, 302 du code pénal.

D'avoir le....., en la commune de....., tenté de donner volontairement la mort à l'une ou à l'autre des personnes réunies dans la chambre voisine qu'il occupait ;

Laquelle tentative, manifestée par un commencement d'exécution, n'a été suspendue ou n'a manqué son effet que par des circonstances indépendantes de la volonté de son auteur ;

D'avoir commis ce crime après avoir formé, avant l'action, le dessein d'attenter à la personne de celui ou de celle qu'il trouverait ou rencontrerait, et qui l'empêcherait de mettre obstacle au mariage projeté de sa sœur.

※

PARRICIDE.

Art. 295, 299, 302, 13 du code pénal.

D'avoir, le....., au village de....., volontairement donné la mort au sieur Jean A....., son père légitime ; — *ou* à Marie R....., femme A....., sa mère légitime ; — *ou* au sieur N....., son père naturel ; — *ou* au sieur R....., son père adoptif ; — *ou* à Louise T....., sa mère adoptive ; — *ou* à Jeanne V....., sa mère naturelle ;

D'avoir commis ce crime après avoir formé, avant l'action, le dessein d'attenter à la personne dudit Jean A..... (Art. 296, 297 C. P.) ;

Ou après avoir attendu plus ou moins de temps ledit Jean A..... pour lui donner la mort. (Art. 296, 298 C. P.).

※

ACTE DE BARBARIE.

Art. 295, 302, 303 du code pénal.

D'avoir, le....., dans la commune de....., commis volontairement un homicide sur la personne du sieur R..... ;

D'avoir, pour l'exécution de ce crime, employé des tortures ou commis des actes de barbarie.

※

ASSASSINAT PRÉCÉDÉ, ACCOMPAGNÉ OU SUIVI D'UN AUTRE
CRIME.

Art. 295, 296, 297, 302, 304 du code pénal.

D'avoir, le....., en la commune de....., volontairement donné la mort à la femme R.....;

D'avoir commis ce crime :

1° Après avoir formé, avant l'action, le dessein d'attenter à la personne de la femme R.....;

2° Avec cette circonstance que l'homicide a immédiatement précédé, accompagné ou suivi le crime de
vol sus-indiqué, *ou* avait pour objet soit de préparer,
soit de faciliter ou d'exécuter ledit crime, soit de favoriser ou d'assurer l'impunité de son auteur.

(*Voir* MEURTRE.)

Associations de malfaiteurs.

--

Art. 265, 266, 267 et 268 du code pénal.

D'avoir, depuis moins d'un an....., en la commune
de....., fait partie d'une association de malfaiteurs envers les personnes ou les propriétés, avec des conventions tendant à rendre compte ou à faire distribution
ou partage du produit des méfaits, et d'avoir été
chargé d'un service dans cette association.

D'avoir, depuis moins de dix ans, dans l'arrondissement de....., formé une association de malfaiteurs

envers les personnes ou les propriétés, avec des conventions tendant à rendre compte ou à faire distribution ou partage du produit des méfaits.

~~~

D'avoir, depuis la même époque et dans le même arrondissement, connaissant la conduite criminelle des malfaiteurs sus-désignés, exerçant des brigandages ou des violences envers les personnes ou les propriétés, fourni habituellement auxdits malfaiteurs un logement, lieu de retraite ou réunion.

~~~

D'avoir, le....., en la commune de....., sciemment et volontairement fourni à ladite bande de malfaiteurs des armes et des munitions.

Attentats à la pudeur.

—

SANS VIOLENCE.

Art. 331 du code pénal, § 1er.

D'avoir, le....., en la commune de....., commis un attentat à la pudeur, consommé ou tenté sans violence, sur la personne de la fille Marie....., âgée de moins de treize ans.

~~~

Art. 331 du code pénal, § 2.

D'avoir, le....., en la commune de....., commis un attentat à la pudeur, consommé ou tenté sans violence, sur la personne de Marie R....., enfant mineure et non encore émancipée par mariage ;

D'avoir commis ce crime sur la personne de Marie R....., sa fille légitime.

PAR UN MAITRE SUR SON OUVRIÈRE.

Art. 331, § 1er, 333 du code pénal.

D'avoir, le....., dans la commune de....., commis un ou plusieurs attentats à la pudeur, consommés ou tentés sans violence, sur la personne de Marie....., âgée de moins de treize ans ;

D'avoir commis cet attentat ou ces attentats à la pudeur alors que cette jeune fille lui avait été confiée par sa mère en qualité d'ouvrière ou d'apprentie.

PAR UN PÈRE SUR SA FILLE.

Art. 331, § 1er, 333 du code pénal.

D'avoir, dans le cours de l'année 186....., en la commune de.....; commis un ou plusieurs attentats à la pudeur, consommés ou tentés sans violence, sur la personne de Marie....., alors âgée de moins de treize ans ;

D'avoir commis ces crimes sur la personne de Marie, sa fille légitime.

***

PAR UN INSTITUTEUR OU UN DOMESTIQUE.

Art. 331, § 1er, 333 du code pénal.

D'avoir, dans le cours du mois de juillet 186....., à B....., commune de....., commis un ou plusieurs attentats à la pudeur, consommés ou tentés sans violence, sur la personne de Joséphine V....., âgée de moins de treize ans ;

D'avoir commis ces attentats à la pudeur alors qu'il était l'instituteur de ladite Joséphine V....., *ou* domestique de cette jeune fille, *ou* employé comme serviteur à gages au service de ses père et mère.

***

PAR UN FONCTIONNAIRE PUBLIC OU UN MINISTRE D'UN CULTE.

Art. 331, § 1er, 333 du code pénal.

D'avoir, le....., en la commune de....., commis un attentat à la pudeur, consommé ou tenté sans violence, sur la personne de la fille Marie R....., âgée de moins de treize ans ;

D'avoir commis ledit attentat à la pudeur, alors qu'il était commissaire de police (*ou* ministre d'un culte).

AVEC ASSISTANCE.

Art. 331, § 1er, 333 du code pénal.

D'avoir, le....., en la commune de....., commis un attentat à la pudeur, consommé ou tenté sans violence, sur la personne de Jeanne S....., âgée de moins de treize ans ;

D'avoir commis ledit attentat à la pudeur avec cette circonstance qu'il a été aidé dans son crime par une ou plusieurs personnes.

AVEC VIOLENCE.

Art. 332 du code pénal, § 2.

D'avoir, le....., en la commune de....., commis un attentat à la pudeur, consommé ou tenté avec violence, sur la personne de Marie R.....

D'avoir, dans le cours de l'année 186....., en la commune de....., commis un ou plusieurs attentats à la pudeur, consommés ou tentés avec violence, sur la personne de Marie R....., alors âgée de moins de quinze ans accomplis.

Art. 333 du code pénal.

(Circonstances aggravantes communes aux deux qualifications précédentes.)

D'avoir commis ces crimes sur la personne de Marie R....., sa fille légitime ;

Ou alors que cette jeune fille lui avait été confiée en qualité d'ouvrière ou d'apprentie ;

Ou alors qu'il était l'instituteur de ladite Marie R.....;

Ou alors qu'il était le domestique de cette jeune fille, ou employé comme serviteur à gages au service de ses père et mère ;

Ou alors qu'il était fonctionnaire public ;

Ou ministre d'un culte ;

Ou avec cette circonstance qu'il a été aidé dans son crime par une ou plusieurs personnes.

Attentats contre la sûreté intérieure de l'État.

—

Art. 86, 88 du code pénal, modifiés par la loi du 10 juin 1853.

De s'être, le....., à Paris, rendu coupable d'un attentat contre la vie et la personne de l'Empereur.

Art. 87 du code pénal, modifié par la loi du 10 juin 1853.

D'avoir, depuis le mois de....., dans l'arrondissement de....., volontairement pris part à des attentats ou complots ayant pour but :

1° De détruire ou de changer le gouvernement ou l'ordre de successibilité au trône ;

2° D'exciter les citoyens ou habitants à s'armer contre l'autorité impériale.

Art. 89 du code pénal.

D'avoir, depuis moins de six mois, en la commune de....., concerté et arrêté ou agréé un complot dont le but était de détruire ou de changer le gouvernement établi ou l'ordre de successibilité au trône ; — d'exciter les citoyens ou habitants à s'armer contre l'autorité impériale.

De s'être, depuis la même époque et au même lieu, rendu coupable d'attentat contre la sûreté intérieuré de l'État, en commettant ou en commençant un acte pour parvenir à détruire ou changer le gouvernement ou l'ordre de successibilité au trône, pour exciter les citoyens ou habitants d'une ou plusieurs communes à s'armer contre l'autorité impériale.

Art. 90 du code pénal.

De s'être, le....., à....., après en avoir formé seul la résolution, rendu coupable d'attentat contre la vie ou la personne de l'Empereur, en commettant ou commençant un acte pour parvenir à l'exécution dudit attentat.

Art. 91 du code pénal, § 1er.

D'avoir, dans l'arrondissement de....., faisant volontairement partie de bandes armées, commis un ou plusieurs attentats ou complots dont le but était d'ex-

citer la guerre civile, en armant ou portant les citoyens ou habitants à s'armer les uns contre les autres,
et de porter la dévastation, le massacre et le pillage
dans une ou plusieurs communes.

~~~

Art. 91, § 1er, du code pénal.

D'avoir, le....., à P....., exécuté un attentat dont le
but était d'exciter la guerre civile, en armant ou portant les citoyens ou habitants à s'armer les uns contre
les autres.

~~~

Art. 91, § 2, du code pénal.

D'avoir, au mois d'avril 186....., à P....., concerté
et arrêté avec plusieurs personnes la résolution d'agir
dans le but d'exciter la guerre civile, en armant ou
portant les citoyens ou habitants à s'armer les uns
contre les autres,

Laquelle resolution a été suivie d'un acte commis
ou commencé pour en préparer l'exécution. (Art. 89
Code P.)

~~~

Art. 92 du code pénal.

D'avoir, le....., dans l'arrondissement de....., levé
et fait lever des troupes armées, engagé ou enrôlé des
soldats, et de leur avoir fourni ou procuré des armes
et munitions, sans ordre ou autorisation du pouvoir
légitime.

~~~

Art. 93 du code pénal.

D'avoir, le....., dans l'arrondissement de....., sans droit et sans motif légitime, pris le commandement d'un corps d'armée ;

Ou retenu, contre l'ordre du gouvernement, un commandement militaire.

Art. 94 du code pénal.

§ 1er.

D'avoir, le....., en la commune de....., alors qu'il disposait de la force publique, en sa qualité de....., requis ou ordonné, fait requérir ou ordonner l'action ou l'emploi de ladite force publique contre la levée des gens de guerre légalement établie.

§ 2.

Avec cette circonstance que ladite réquisition et ledit ordre ont été suivis de leur effet.

Art. 95 du code pénal.

D'avoir, le....., en la commune de....., volontairement incendié ou détruit, par l'explosion d'une mine, un édifice appartenant à l'État.

Art. 96 du code pénal.

D'avoir, le....., dans l'arrondissement de....., volontairement levé ou fait lever, organisé ou fait organiser, ou dirigé des bandes armées, dans le but d'envahir le poste de la prison de B.....

Art. 96 du code pénal.

De s'être, dans la nuit du 23 au 24 juillet dernier, à P....., mis à la tête de bandes armées, dans lesquelles il exerçait un commandement ou un emploi quelconque, pour envahir ledit poste de la prison de B....., alors occupé par les grenadiers du 50ᵉ régiment de ligne.

Art. 99 du code pénal.

D'avoir, dans le courant du mois d'avril dernier, en la commune de....., sans contrainte, fourni un logement et un lieu de retraite ou de réunion à cinq révoltés de la bande de V....., sachant qu'ils faisaient partie de cette bande, dont il connaissait le but et le caractère.

Art. 5 de la loi du 24 mai 1834.

D'avoir, le....., à P....., dans un mouvement insurrectionnel, porté des armes apparentes ou cachées.

D'avoir, le même jour et au même lieu, dans un mouvement insurrectionnel, porté l'uniforme d'officier de la garde nationale.

~~~

Art. 6 de la loi du 24 mai 1834.

D'avoir, le....., à P....., dans un mouvement insurrectionnel, enlevé des armes et munitions, soit par le pillage de boutiques et de postes, soit par le désarmement des agents de la force publique.

~~~

Art. 7 de la loi du 24 mai 1834.

D'avoir, le....., à P....., dans un mouvement insurrectionnel, envahi, à l'aide de violences ou de menaces, une maison servant à l'habitation.

~~~

Art. 8 de la loi du 24 mai 1834.

D'avoir, le même jour et au même lieu, dans un mouvement insurrectionnel, envahi, à l'aide de violences ou de menaces, un édifice, dans le but d'attaquer et de résister envers la force publique.

~~~

Art. 9 de la loi du 24 mai 1834.

D'avoir, le....., à P....., dans un mouvement insurrectionnel ayant pour objet de s'opposer à la libre circulation des grains et de s'insurger contre l'exécution des lois, fait ou aidé à faire des barricades destinées à

entraver ou à arrêter l'exercice de la force publique ,
soit en plaçant des charrettes sous un hangar pour
empêcher la force armée d'y pénétrer après qu'elle en
avait reçu l'ordre, soit en renversant des tables sous
les pieds des chevaux.

D'avoir, le même jour et au même lieu, dans un
mouvement insurrectionnel, empêché ou tenté d'empêcher par violences ou menaces la convocation ou la
réunion de la force publique.

D'avoir, le....., à P....., dans un mouvement insurrectionnel, provoqué ou facilité le rassemblement des
insurgés, par des discours , des cris ou des menaces,
par la distribution d'ordres, d'écrits ou par tout autre
moyen d'appel ;

Le nommé R.....
en sonnant ou faisant sonner le tocsin ;

Le nommé S.....
par le port de drapeau.

Avortement.

—

§ 1er.

D'avoir, dans le cours de l'année 186....., en la commune de....., par breuvages et médicaments, ou par tous autres moyens, volontairement procuré l'avortement de Marie R.....; alors enceinte, du consentement de cette fille (*ou* sans le consentement de cette fille).

§ 2.

La fille Marie R.....

De s'être, à la même époque et au même lieu, procuré l'avortement à elle-même, ou d'avoir consenti à faire usage sciemment desdits breuvages et médicaments indiqués ou administrés à cet effet et suivis de son avortement.

§ 3.

D'avoir indiqué ou administré les breuvages et médicaments qui ont occasionné cet avortement, alors qu'il était médecin, chirurgien, officier de santé ou pharmacien (*ou* alors qu'elle était sage-femme).

———

Banqueroute frauduleuse.

—

Art. 591 du code de commerce et 402 du code pénal.

D'avoir, en 1861, à P....., étant commerçant failli (*ou* faisant le commerce sous le nom d'autrui ou sous un nom supposé, art. 593 du code de commerce, n° 3), détourné ou dissimulé tout ou une partie de son actif ; — *ou* frauduleusement soustrait ses livres.

ᴧᴧᴧ

De s'être, à P....., soit en 1859, soit en 1860, étant commerçant failli, par acte sous signature privée portant la date du 3 mars 1858, frauduleusement reconnu débiteur envers le sieur V..... de sommes qu'il ne lui devait pas.

ᴧᴧᴧ

Art. 591 du code de commerce, 403 du code pénal.

D'avoir, soit en 1859, soit en 1860, à P....., aidé ou assisté avec connaissance le sieur S....., commerçant failli, dans les faits qui ont préparé, facilité ou consommé l'acte sous signature privée du 3 mars 1858, par lequel le sieur S..... s'est frauduleusement reconnu débiteur envers lui de sommes qu'il ne lui devait pas. (60 C. P.)

ᴧᴧᴧ

Art. 593 du code de commerce, n° 1, 403 du code pénal.

D'avoir, à P....., en 1859 ou 1860, dans l'intérêt du sieur S....., commerçant failli, recélé ou dissimulé tout ou partie des objets mobiliers soustraits par celui-ci au préjudice de ses créanciers.

ᴧᴧᴧ

Art. 593 du code de commerce, n° 2, 403 du code pénal.

D'avoir , le....., à....., frauduleusement présenté dans la faillite du sieur R....., et affirmé en son nom *ou* par interposition de personnes, des créances supposées.

D'avoir, le....., à....., frauduleusement présenté et affirmé, en son propre nom, une ou plusieurs créances supposées, au procès-verbal de vérification et affirmation des créances de la faillite du sieur F.....

PAR UN AGENT DE CHANGE OU UN COURTIER.

Art. 404 du code pénal et 89 du code de commerce.

D'avoir, en 1860, à P....., alors qu'il était agent de change (*ou* courtier) dans cette ville depuis l'année 1858, par suite d'opérations de commerce et de banque auxquelles il s'est livré depuis cette époque pour son propre compte, fait faillite, ainsi que l'a déclaré un jugement du tribunal de commerce de P....., en date du.....

D'avoir, en 1860, à P....., alors qu'il était agent de change dans cette ville (*ou* courtier) et qu'il se trouvait en état de faillite, commis le crime de banqueroute frauduleuse : 1° en détournant ou dissimulant au préjudice de ses créanciers une partie de son actif; 2° en se reconnaissant frauduleusement débiteur dans ses écritures de sommes qu'il ne devait pas.

Baraterie.

Art. 11, loi du 10 avril 1825 ; 89, 92, 93 du 24 mars 1852.

D'avoir, le....., à la hauteur de la rivière de....., fait volontairement périr le navire *Saint-Victor*, dont il était le capitaine, et qui appartenait au sieur B.....;

D'avoir fait périr ledit navire dans l'intention frauduleuse :

1° De se soustraire au payement de sommes à lui prêtées par contrat à la grosse à Bayonne, et au payement desquelles il avait, sans droit et sans autorisation, affecté les corps, quille, agrès et apparaux de ce navire ;

2° De se soustraire à l'obligation de remettre au sieur de C..... deux malles contenant des effets précieux, et dont l'une était fracturée et pillée dans la chambre où il les avait fait déposer.

(*Voir* DESTRUCTION DE NAVIRES, EMPLOI D'AVARIES SUPPOSÉES.)

Bigamie.

Art. 340 du code pénal.

§ 1er.

D'avoir, le....., à P....., contracté mariage avec Marie R..... avant la dissolution du mariage précédemment contracté par lui avec Joséphine V.....

§ 2.

D'avoir, le même jour et au même lieu, agissant en qualité d'officier de l'état civil, prêté son ministère à ce mariage, connaissant l'existence du précédent mariage contracté par le sieur B.....

∿

Art. 340, § 1er, du code pénal.

D'avoir, étant engagé dans les liens du mariage avec Marie R....., et avant la dissolution de ce dernier, contracté, le....., au chef-lieu de la commune de....., et par-devant l'officier de l'état civil de cette commune, un second mariage avec Joséphine V.....

∿

FAUX.

D'avoir, le même jour et au même lieu, produit, en se l'appliquant frauduleusement, dans un acte de mariage où il figurait comme partie contractante, un acte de naissance en date du..... qui appartenait non à lui, mais à son frère, Jean R..... (art. 147, 148 C. P.).

———

Castration.

—

Art. 316 du code-pénal.

D'avoir, le....., à P....., volontairement commis le crime de castration sur la personne de Jean R....., en lui amputant un des organes de la génération.

Ou tout au moins :

D'avoir volontairement commis la tentative de ce crime en amputant un testicule au sieur Jean R.....;

Laquelle tentative, manifestée par un commencement d'exécution, n'a été suspendue ou n'a manqué son effet que par des circonstances indépendantes de la volonté de son auteur (art. 2 du Code pénal).

Le nommé S.....

De s'être rendu complice du crime de castration ci-dessus spécifié, en aidant et assistant avec connaissance la femme B..... dans les faits qui l'ont préparé ou facilité ou dans ceux qui l'ont consommé (art. 59 et 60 C. P.).

Complicité.

—

Art. 59 et 60 du code pénal.

De s'être, le....., dans la commune de....., rendu complice de ce crime, soit en provoquant à cette action par dons, promesses, menaces, abus d'autorité ou de pouvoirs, machinations ou artifices coupables, soit en procurant des armes, des munitions, des instruments ou tout autre moyen, sachant qu'ils devaient y servir, soit en aidant ou assistant avec connaissance l'auteur du crime dans les faits qui l'ont préparé ou facilité, ou dans ceux qui l'ont consommé.

De s'être rendu complice de cette soustraction frauduleuse (*ou* du crime ci-dessus spécifié) en aidant ou assistant avec connaissance ceux qui en ont été les auteurs, dans les faits qui l'ont préparé, facilité ou consommé.

De s'être rendu complice de cette soustraction frauduleuse (*ou* du crime ci-dessus spécifié) soit en donnant des instructions pour la commettre, soit en aidant et assistant avec connaissance les auteurs de cette action qualifiée crime, dans les faits qui l'ont préparée ou facilitée, ou dans ceux qui l'ont consommée.

Art. 59 et 61 du code pénal.

D'avoir, depuis moins de dix ans, à P....., connaissant la conduite criminelle des malfaiteurs sus-désignés, exerçant des brigandages ou des violences contre les personnes ou les propriétés, fourni habituellement auxdits malfaiteurs un logement, lieu de retraite ou de réunion. (*Voir* les art. 99 et 268 C. P.)

Art. 62 du code pénal.

De s'être rendu complice de la soustraction frauduleuse commis au préjudice du sieur R....., le....., en
la commune de....., en recélant tout ou partie des
objets volés, notamment un fusil, avec cette circonstance qu'au temps du recel il savait que la soustraction dont il s'agit avait été commise la nuit, dans une
maison habitée, en réunion de plusieurs individus
porteurs d'armes apparentes, qui ont menacé d'en
faire usage et avec violences.

Concussion.

—

Art. 174 du code pénal.

D'avoir, dans le cours du mois de....., à P....., exigé
et perçu, en sa qualité de greffier de la justice de paix
de....., pour droits d'enregistrement de jugements,
des sommes qu'il savait ne lui être pas dues, ou qui
excédaient celles qui pouvaient lui être légitimement
dues;

Lesquelles sommes ainsi indûment exigées et per-
çues sont supérieures à la somme de 300 fr.

D'avoir, dans le cours du mois de....., en sa qualité
de percepteur de la commune de....., commis le
crime de concussion, en ordonnant de percevoir,

en exigeant ou en recevant, pour droits de contribution, des sommes qu'il savait n'être pas dues ou
excéder celles qui étaient légitimement dues ;

Lesquelles sommes indûment exigées ou reçues, ou
dont la perception a été ordonnée, sont supérieures à
300 francs.

Contrefaçon des sceaux de l'État, des billets de banque, des effets publics et des poinçons.

Art. 139 du code pénal.

D'avoir, depuis moins de dix ans, en la commune
de....., frauduleusement contrefait ou falsifié des billets
de banque autorisés par la loi.

D'avoir, depuis la même époque et au même lieu,
fait sciemment usage desdits billets de banque ainsi
contrefaits ou falsifiés, en les donnant en payement au
sieur R.....

Art. 140 du code pénal.

D'avoir, dans le cours de l'année 1860, à P.....,
frauduleusement contrefait le poinçon de l'État servant
à marquer les matières d'or ou d'argent, et d'avoir fait
sciemment usage de ce poinçon ainsi contrefait.

Art. 141 du code pénal.

D'avoir, depuis moins de dix ans, à P....., s'étant procuré indûment le véritable poinçon de l'État servant à marquer les matières d'or ou d'argent, fait une application ou usage de ce poinçon préjudiciable aux droits ou intérêts de l'État.

Corruption.

Art. 177 du code pénal, § 1er.

D'avoir, depuis moins de dix ans, en la commune de....., étant garde champêtre de ladite commune, reçu à titre de don ou présent du sieur P..... François, qu'il venait de surprendre en délit de chasse, une somme d'argent, et de s'être, à raison de ce don ou présent, abstenu de dresser contre ledit P..... un procès-verbal, acte qui rentrait dans l'ordre de ses devoirs.

Art. 177 du code pénal.

§ 1er.

D'avoir, depuis moins de dix ans, en la commune de....., agréé des promesses et reçu, à titre de don ou présent, d'un sieur R..... une somme d'argent, et de s'être, par suite de ces promesses, don ou présent, abstenu de procéder à l'arrestation dudit R....., surpris par lui en flagrant délit de vol, et de rendre compte de ce vol au procureur impérial de...., actes qui rentraient dans l'ordre de ses devoirs.

~~

Art. 177 du code pénal.

§ 1er.

D'avoir, depuis la même époque et au même lieu, étant maire de la commune de..... : 1° provoqué le sieur S.... à commettre cette action, soit par abus d'autorité ou de pouvoir, soit en lui donnant des instructions pour la commettre ; 2° de l'avoir aidé ou assisté dans les faits qui ont préparé ou facilité ladite action ou dans ceux qui l'ont consommée, et de s'être ainsi rendu complice du crime de corruption commis par S..... au préjudice de R..... (60 C. P.)

~~

Art. 177 du code pénal.

§ 2.

D'avoir, le....., en la commune de....., ayant été choisi pour arbitre (ou ayant été nommé expert par le tribunal dans une instance pendante entre les sieurs R..... et V.....), agréé des offres ou promesses, ou reçu à titre de don ou présent une somme d'argent pour rendre une décision ou donner une opinion favorable à l'une des parties.

~~

Art. 179, 177 du code pénal.

Le sieur R.....

D'avoir, le...., à....., corrompu par dons, promesses ou présents le sieur F....., receveur-adjoint de l'octroi

de la ville de....., pour obtenir de lui un certificat
constatant, contrairement à la vérité et au préjudice
de l'administration dont il était l'agent, que cet employé avait vu sortir, ledit jour, à deux heures du
soir, par la barrière de....., la quantité de 4 hectolitres
de chaux que ledit R..... avait fait entrer la veille en
passe-debout par la barrière de......, lorsque F.....
était chargé, en sa qualité de préposé de l'octroi, de
surveiller et de constater cette sortie.

~~~

(FAUX EN ÉCRITURE PUBLIQUE ET AUTHENTÏQUE ET USAGE
COMMIS A L'OCCASION DE LA CORRUPTION.)

Art. 146, 147, 164, 59-60 du code pénal.

D'avoir, le....., à....., par dons ou promesses, provoqué le sieur F....., receveur-adjoint de l'octroi de la
ville de....., à fabriquer ou faire fabriquer un certificat
constatant, contrairement à la vérité, et au préjudice
de l'administration dont il était l'agent, que cet employé avait vu sortir, ledit jour, à deux heures du
soir, par la barrière de....., la quantité de 4 hectolitres
de chaux que l'accusé avait fait entrer la veille en
passe-debout par la barrière de....., lorsque F.....
était chargé, en sa qualité de préposé de l'octroi, de
surveiller et de constater cette sortie.

~~~

Art. 148 du code pénal.

D'avoir, le....., fait usage de ce faux certificat,
sachant qu'il était faux, en le faisant parvenir, pour
lui servir de décharge, à l'administration de l'octroi.

Art. 177 du code pénal.

Le sieur F....

D'avoir, le....., à....., après avoir agréé des offres ou promesses, ou reçu des dons ou présents, délivré au sieur R..... un certificat constatant, contrairement à la vérité, et au préjudice dé l'administration dont il était l'agent, qu'il avait vu sortir, ledit jour, à deux heures du soir, par la barrière de....., la quantité de 4 hectolitres de chaux que ledit R..... avait fait entrer la veille en passe-debout par la barrière de....., lorsque F.... était chargé, en sa qualité de préposé de l'octroi, de surveiller et de constater cette sortie.

(FAUX EN ÉCRITURE PUBLIQUE ET AUTHENTIQUE COMMIS A L'OCCASION DE LA CORRUPTION.)

Art. 146, 147, 164 du code pénal.

2° D'avoir, le....., à....., frauduleusement fabriqué ou fait fabriquer un certificat constatant faussement et au préjudice de l'administration dont il était l'agent, qu'il avait vu sortir, ledit jour, à deux heures du soir, par la barrière de....., la quantité de 4 kectolitres de chaux que ledit R..... avait fait entrer la veille en passe-debout par la barrière de....., lorsque F....., en sa qualité de préposé de l'octroi, était chargé de surveiller et de constater cette sortie.

3

Art. 179, § 1er, 177 du code pénal.

D'avoir, le....., en la commune de....., contraint ou tenté de contraindre par voies de fait ou menaces, corrompu ou tenté de corrompre par promesses, offres, dons ou présents, un fonctionnaire public de l'ordre administratif, pour obtenir de lui un certificat constatant des faits contraires à la vérité;

Ou pour obtenir de lui l'abstention d'un acte qui rentrait dans l'exercice de ses devoirs.

Art. 181, 177 du code pénal.

De s'être, le....., à P....., laissé corrompre par promesses, offres, dons ou présents, au préjudice de l'accusé, alors qu'il faisait partie du jury de la troisième session des assises de.....

Art. 182 du code pénal.

Laquelle corruption a eu pour effet de faire condamner l'accusé à une peine supérieure à celle de la reclusion.

Art. 183 du code pénal.

D'avoir, le....., en la commune de....., étant agent ou préposé d'une administration publique, pris par inimitié une décision contre une partie.

Coups et blessures volontaires.

—

SUIVIS DE MUTILATION, D'AMPUTATION, ETC.

Art. 309 du code pénal, § 2.

D'avoir, le....., en la commune de....., volontairement porté des coups et fait des blessures à Auguste R..... ;

Lesquels coups et blessures, portés et faites volontairement, ont été suivis de mutilation, d'amputation ou de la privation de l'usage d'un membre (*ou de cécité ou* de la perte d'un œil, *ou* autres infirmités permanentes).

AYANT OCCASIONNÉ LA MORT, MAIS SANS INTENTION DE LA DONNER.

Art. 309 du code pénal, § 3.

D'avoir, le....., en la commune de....., volontairement porté des coups et fait des blessures au sieur P..... ;

Lesquels coups portés et blessures faites volontairement, mais sans intention de donner la mort, l'ont pourtant occasionnée.

Art. 310 du code pénal, § 1er.

D'avoir, le....., en la commune de....., volontairement porté des coups et fait des blessures au sieur R..... ;

Lesquels coups portés et blessures faites volontairement, mais sans intention de donner la mort, l'ont pourtant occasionnée ;

D'avoir porté ces coups et fait ces blessures volontaires après avoir formé, avant l'action, le dessein d'exercer des actes de violence sur la personne du sieur R..... ;

Ou d'avoir porté ces coups et fait ces blessures volontaires après avoir attendu plus ou moins de temps, dans un lieu déterminé, le sieur R..... pour exercer sur lui des violences.

Art. 310, § 2, du code pénal.

D'avoir, le....., en la commune de....., volontairement porté des coups et fait des blessures au sʳ M..... ;

Lesquels coups portés et blessures faites volontairement ont été suivis de mutilation, d'amputation ou privation de l'usage d'un membre, de cécité, de la perte d'un œil ou autres infirmités permanentes ;

Ou lesquels coups et blessures portés et faites volontairement ont occasionné une incapacité de travail personnel pendant plus de vingt jours. (Art. 310, § 3, C. P.)

D'avoir porté ces coups et fait ces blessures volontaires après avoir formé, avant l'action, le dessein d'exercer des actes de violence sur la personne du sieur M..... ;

Ou après avoir attendu plus ou moins de temps, dans un lieu déterminé, le sieur M..... pour exercer sur lui des violences.

ENVERS UN ASCENDANT.

Art. 311 et 312, § 1er, du code pénal.

D'avoir, le....., à P....., volontairement porté des coups et fait des blessures au sieur V....., son père légitime, — *ou* à Marie R....., femme V....., sa mère légitime ; — *ou* au sieur T....., son père adoptif, — *ou* à Louise B....., sa mère adoptive ; — *ou* au sieur L....., son père naturel, — *ou* à Jeanne N....., sa mère naturelle.

Art. 309, § 1er, et 312, § 2, du code pénal.

D'avoir, le....., en la commune de....., volontairement porté des coups et fait des blessures à Julie V....., femme R..... ;

D'avoir porté ces coups et fait ces blessures volontaires à la femme R....., sa mère légitime ;

Desquels coups et blessures portés et faites volontairement, il est résulté pour ladite femme R..... une incapacité de travail personnel de plus de vingt jours.

Art. 310, 311, 312, § 2, du code pénal.

D'avoir, le....., en la commune de....., volontairement porté des coups et fait des blessures au sieur R....., son père légitime ;

D'avoir porté ces coups et fait ces blessures volontaires après avoir formé, avant l'action, le dessein d'exercer des actes de violence sur la personne du sieur R..... ;

Ou d'avoir porté ces coups et fait ces blessures volontaires après avoir attendu plus ou moins de temps,
dans un lieu déterminé, le sieur R..... pour exercer
sur lui des violences.

VIOLENCES JUSQU'A EFFUSION DE SANG.

Art. 230 et 231 du code pénal.

D'avoir, le....., sur le territoire de la commune de.....,
volontairement exercé sur la personne du garde champêtre de ladite commune, dans l'exercice de ses fonctions, ou à l'occasion de cet exercice, des violences
qui ont été la cause d'effusion de sang.

Art. 230 et 231 du code pénal.

D'avoir, le....., en la commune de....., frappé le
gendarme R..... pendant qu'il exerçait son ministère
ou à cette occasion ;

D'avoir, par les violences ci-dessus qualifiées, causé
au gendarme R..... une blessure avec effusion de sang.

VIOLENCES JUSQU'A EFFUSION DE SANG ET CAUSE DE MORT.

Art. 230 et 231 du code pénal.

D'avoir, le....., sur la place du marché de....,exercé
des violences envers des agents de la force publique
agissant dans leurs fonctions, en les frappant avec des
pierres ou des bâtons ;

Lesquelles violences ont occasionné des blessures avec effusion de sang aux sieurs R..... et V.....;

Ou ont causé la mort du sieur B.....

COUPS A UN MAGISTRAT AVEC PRÉMÉDITATION ET GUET-APENS.

Art. 228, 231 et 232 du code pénal.

D'avoir, le....., à P....., volontairement porté des coups et fait des blessures à un magistrat dans l'exercice de ses fonctions ;

D'avoir volontairement porté ces coups et fait ces blessures :

1° Après avoir formé, avant l'action, le dessein d'attenter à la personne du sieur R..... ;

2° Après avoir attendu plus ou moins de temps, dans un lieu déterminé, ledit R..... pour exercer sur lui des actes de violences.

COUPS A UN OFFICIER MINISTÉRIEL, A UN MAGISTRAT OU A UN FONCTIONNAIRE PUBLIC, OU A UN CITOYEN CHARGÉ D'UN MINISTÈRE PUBLIC, AVEC L'INTENTION DE LUI DONNER LA MORT.

Art. 230, 231 et 233 du code pénal.

D'avoir, le....., en la commune de....., volontairement porté des coups et fait des blessures au sieur A....., huissier près le tribunal de....., dans l'exercice ou à l'occasion de l'exercice de ses fonctions ;

D'avoir porté ces coups et fait ces blessures volontaires avec l'intention de donner la mort au sieur A.....

COUPS ENVERS UN MINISTRE DU CULTE.

Art. 263 du code pénal.

D'avoir, le....., en la commune de....., volontairement frappé le ministre d'un culte pendant qu'il exer-çait les fonctions de son ministère.

VIOLENCES EXERCÉES PAR UN VAGABOND.

Art. 279 du code pénal, § 2.

D'avoir, le....., à P....., alors qu'il se trouvait en état de vagabondage et de mendicité habituelle, et muni de limes, crochets et autres instruments propres à commettre des vols (ou à procurer les moyens de pénétrer dans les maisons), volontairement exercé des actes de violence envers la personne du sieur R.....

COUPS PORTÉS EN RÉUNION SÉDITIEUSE.

Art. 313 du code pénal.

D'avoir, le....., à P....., en réunion séditieuse, avec rébellion ou pillage, étant le chef et l'instigateur de ladite réunion, volontairement porté des coups et fait des blessures à divers particuliers, soit par lui-même, soit par ordre donné par lui ;

Desquels coups portés et blessures faites volontairement il est résulté pour le sieur R..... une incapacité de travail de plus de vingt jours.

MALADIE OCCASIONNÉE PAR BREUVAGES ET MÉDICAMENTS
NUISIBLES À LA SANTÉ.

Art. 317, §§ 5 et 6, du code pénal.

D'avoir, le....., en la commune de....., par breuvages et médicaments ou par tous autres moyens nuisibles à la santé, occasionné au sieur R..... une maladie de laquelle il est résulté pour ledit R..... une incapacité de travail de plus de vingt jours ;

D'avoir commis le crime ci-dessus qualifié envers son père légitime.

Destruction d'un édifice par l'effet d'une mine.

—

Art. 435 du code pénal.

D'avoir, le....., en la commune de....., volontairement détruit en tout ou en partie, par l'effet d'une mine, un édifice qui lui appartenait,
Lequel édifice était habité.

Destruction d'une vanne, d'édifices, etc.

—

Art. 437 du code pénal.

§ 1er.

D'avoir, le....., dans la commune de....., volontairement détruit ou renversé en tout ou en partie une vanne placée au travers du ruisseau de..... en vertu d'un arrêté de M. le Préfet de....., et qu'il savait appartenir aux propriétaires riverains (*ou* des édifices, des ponts, digues ou chaussées, ou autres constructions qu'il savait à appartenir à autrui).

~~~

D'avoir, le....., en la commune de....., volontairement causé l'explosion d'une machine à vapeur appartenant au sieur V.....

§ 2.

Avec cette circonstance que le fait ci-dessus spécifié a occasionné la mort du sieur R.....,
Ou a occasionné des blessures au sieur V.....

Destruction de livres de commerce.

—

Art. 439, § 1er, du code pénal.

D'avoir, le....., à....., volontairement brûlé et détruit une partie des livres et registres de commerce du sieur V.. .., négociant en ladite ville ; — lesquels livres et registres contenant ou opérant obligation, disposition ou décharge intéressant non-seulement le sieur V....., mais encore des tiers et l'ordre public.

Destruction d'actes de l'autorité publique.

—

Art. 439, § 1er, du code pénal.

D'avoir, le....., en la commune de....., volontairement détruit des minutes ou actes originaux de l'autorité publique.

~~~

D'avoir, dans le cours du mois de....., en la commune de....., et dans la partie de la forêt domaniale de....., volontairement détruit, sur un certain nombre d'arbres réservés dans les coupes, l'empreinte des marteaux de l'Etat.

———

Destruction d'un navire.

—

Art. 89 du décret du 24 mars 1852.

D'avoir, étant inscrit sur le rôle d'équipage du navire *la Louisiana*, dans la traversée de Calais au cap Horn, dans les premiers jours de décembre 186....., dans une intention criminelle, tenté d'échouer, de perdre ou de détruire ce navire en le perçant avec une tarière et en faisant une voie d'eau qui, pour le salut commun, a obligé le capitaine à relâcher à *Valparaiso ;*

Laquelle tentative, manifestée par un commencement d'exécution, n'a été suspendue et n'a manqué son effet que par des circonstances indépendantes de la volonté de son auteur. (2. C. P.)

(*Voir* BARATERIE.)

Détournement de deniers publics.

Art. 169 du code pénal.

D'avoir, à....., pendant les années....., étant percepteur de la commune de....., frauduleusement détourné ou soustrait plusieurs sommes des deniers publics qui se trouvaient entre ses mains en vertu de ses fonctions, lesquelles sommes ainsi détournées ou soustraites se sont élevées à une valeur de plus de 3,000 francs.

Art. 169 du code pénal.

D'avoir, depuis moins de dix ans, à P....., étant dépositaire public et agent comptable de la caisse d'épargne de cette ville, soustrait ou détourné à son profit des deniers publics ou privés qui étaient entre ses mains en vertu de ses fonctions, et dont la valeur excède celle de 3,000 francs.

Art. 170 du code pénal.

D'avoir, depuis moins de dix ans, à....., alors qu'il était receveur buraliste des contributions indirectes, frauduleusement détourné ou soustrait des deniers publics qui se trouvaient entre ses mains en vertu de ses fonctions ;

Avec cette circonstance que la valeur des sommes ainsi détournées ou soustraites excède le tiers du produit commun de la recette que faisait ledit B..... pendant un mois.

Art. 170 du code pénal.

D'avoir, dans le courant de l'année 186...., en la commune de....., frauduleusement détourné les sommes qui lui avaient été remises, en sa qualité de greffier de la justice de paix de....., pour en faire le versement à la caisse de l'administration de l'enregistrement ;

Lesquelles sommes ainsi détournées sont supérieures au chiffre de son cautionnement.

DÉTOURNEMENT DE VALEURS CONFIÉES A LA POSTE.

Art. 173 du code pénal.

D'avoir, étant courrier des dépêches de l'administration des postes de Poitiers à Aigrefeuille et d'Aigrefeuille à Poitiers, soustrait frauduleusement sur ce parcours, et dans des lettres qui lui avaient été remises ou communiquées à raison de ses fonctions, les billets de banque désignés ci-après :

1º Le....., un billet de banque de 100 fr. adressé de la Rochelle par le sieur R..... ;

2º Le....., un billet de banque de 500 fr. adressé de Poitiers par le sieur V.....

Art. 187, délit correctionnel.

D'avoir, étant agent de l'administration des postes, sur le parcours où il exerçait ses fonctions et aux dates ci-dessus indiquées, supprimé ou ouvert les lettres contenant les titres et valeurs ci-dessus.

Art. 173 du code pénal.

D'avoir, le....., à P....., étant directeur des postes de ladite ville, frauduleusement soustrait ou détourné un billet de banque de 500 fr. adressé par le sieur R..... au sieur V..... ;

Laquelle lettre lui avait été remise ou communiquée à raison de ses fonctions.

D'avoir, le....., à....., frauduleusement soustrait une lettre contenant un mandat sur la poste de 60 fr., adressé par un sieur T..... au sieur S....., alors qu'il était dépositaire de ladite lettre en sa qualité de surnuméraire de l'administration des postes au bureau de.....

Emplois d'avaries supposées.

Art. 14 de la loi du 10 avril 1825.—Art. 92 du décret du 24 mars 1852.

D'avoir, en l'année....., dans une intention frauduleuse, employé dans le compte du navire *la Mairie*, qu'il commandait en qualité de capitaine, des avaries supposées, en faisant figurer, parmi les objets perdus et jetés à la mer pendant une tempête, des voiles et des cordages qui avaient été conservés à bord.

(*Voir* BARATERIE, DESTRUCTION DE NAVIRES.)

Empoisonnements.

Art. 301, 302 du code pénal.

D'avoir, le....., au village de....., commune de....., volontairement attenté à la vie du sieur R....., son mari, en mêlant aux aliments qu'elle avait préparés pour lui des substances pouvant donner la mort plus ou moins promptement.

Art. 13, 301, 302 du code pénal.

D'avoir, le....., à....., volontairement attenté à la vie de Pierre G....., son père légitime (*ou* de Marie R....., sa mère légitime ; *ou* de Jean V....., son père adoptif, *ou* de Louise T....., sa mère adoptive ; *ou* de Sylvain B....., son père naturel, *ou* de Julie D....., sa mère naturelle), par l'effet de substances pouvant donner la mort plus ou moins promptement.

Art. 13, 301, 302 du code pénal.

D'avoir, le....., en la commune de....., attenté volontairement à la vie de la femme R....., sa mère légitime, par l'effet de substances pouvant donner la mort plus ou moins promptement, en jetant dans une tisane préparée pour elle une certaine quantité de vert-de-gris.

Enlèvement de mineurs.

—

Art. 354, 355 du code pénal.

D'avoir, le....., en la commune de....., enlevé, entraîné, détourné ou déplacé, ou fait enlever, entraîner, détourner ou déplacer, par fraude ou violence, la nommée Marie B....., âgée de moins de 16 ans, de la maison qu'elle habitait à P..... avec le sieur B....., son père (*ou* avec le sieur R....., son tuteur), sous l'autorité et la direction duquel elle était placée ; *ou* de la maison où elle avait été mise par ceux à l'autorité ou à la direction desquels elle était soumise et confiée.

Art. 354 et 356 du code pénal.

D'avoir, dans le courant du mois de....., en la commune de... ., étant majeur de 21 ans, entraîné et détourné du domicile de ses parents Rosalie N....., âgée de moins de 16 ans.

Enlèvement de pièces dans les dépôts publics.

Art. 254 et 255 du code pénal.

D'avoir, depuis moins de dix ans, et notamment dans le cours des années....., en la commune de....., frauduleusement soustrait et enlevé tout ou partie des registres de l'état civil de la commune de....., déposés aux archives de ladite commune.

Art. 254, 255 et 256 du code pénal.

D'avoir, le....., à P....., frauduleusement soustrait et enlevé avec violence des registres de l'octroi qui étaient déposés dans le bureau de....., et qui y servaient exclusivement.

Art. 254, 255 et 256 du code pénal.

D'avoir, le....., en la commune de....., soustrait frauduleusement et enlevé avec violence au courrier de B....., à R....., les paquets et dépêches dont il était porteur en qualité de dépositaire public.

Exercice des droits civiques (crimes relatifs à l').

Art. 109, 110 du code pénal.

(Art. 44 du décret organique du 2 février 1852.)

D'avoir, le....., dans l'arrondissement de P....., empêché par attroupement, voies de fait ou menaces, un ou plusieurs citoyens d'exercer leurs droits civiques;

Lequel fait a été commis par suite d'un plan concerté pour être exécuté dans l'arrondissement communal de P.....

D'avoir, le....., par suite d'un plan concerté pour être exécuté dans le département de....., empêché par attroupement, voies de fait ou menaces, plusieurs citoyens d'exercer leurs droits civiques.

Exposition d'un enfant dans un lieu solitaire, suivie de mort.

Art. 351, § 2, du code pénal.

D'avoir, le....., en la commune de....., exposé et délaissé en un lieu solitaire un enfant dont elle venait d'accoucher;

Lequel enfant est mort par suite de cette exposition et de ce délaissement.

Extorsion de signature.

Art. 400 du code pénal.

D'avoir, le....., à P......, extorqué au sieur R....., par force, violence ou contrainte, la signature d'un billet à ordre par lequel ce dernier s'obligeait à payer, le....., au nommé V....., une somme de 500 francs.

D'avoir, le....., à....., par force, violence ou contrainte, extorqué (*ou* tenté d'extorquer) au sieur G..... la signature et la remise d'un billet contenant obligation, de la part dudit G....., de payer à lui P..... la somme de.....

(Laquelle tentative, manifestée par un commencement d'exécution, n'a été suspendue ou n'a manqué son effet que par des circonstances indépendantes de la volonté de son auteur.) — Art. 2 C. P.

Évasion (connivence d'un gardien).

—

Art. 239 du code pénal, § 2.

D'avoir, le....., par connivence, procuré ou facilité l'évasion du nommé R....., condamné à une peine afflictive à temps, et à la garde duquel il était préposé en sa qualité de gardien de la maison d'arrêt de.....

⁂

Art. 243 du code pénal.

D'avoir, le....., étant gardien de la maison d'arrêt de....., procuré, facilité ou favorisé par transmission d'armes l'évasion avec bris ou violences commise par le nommé R.....

———

Fabrication ou émission de fausses monnaies.

—

Art. 132 du code pénal.

§ 1er.

D'avoir, depuis moins de dix ans, en la commune de....., frauduleusement contrefait ou altéré des monnaies d'or (ou d'argent) ayant cours légal en France.

⁂

D'avoir, le....., en la commune de....., émis frauduleusement, en la donnant en payement au sieur V....., une pièce qu'il disait être d'argent et de la valeur de 5 francs, et qu'il savait être contrefaite ou altérée.

D'avoir, depuis moins de dix ans, en la commune de....., frauduleusement contrefait une ou plusieurs pièces d'argent de 5 francs, à l'effigie de Louis-Philippe Ier, roi des Français, au millésime de....., monnaie ayant cours légal en France.

D'avoir, à la même époque et au même lieu, frauduleusement participé à l'émission, exposition ou introduction en France desdites monnaies, sachant qu'elles étaient contrefaites ou altérées.

D'avoir, vers la même époque et au même lieu, émis frauduleusement, en la donnant en payement au sieur R....., une des pièces de 5 fr. ci-dessus spécifiées, sachant qu'elle était contrefaite ou altérée.

Art. 132 du code pénal.

§ 2.

D'avoir, depuis moins de dix ans, en la commune de....., frauduleusement contrefait ou altéré des monnaies de billon ou de cuivre ayant cours légal en France.

D'avoir, vers la même époque et au même lieu, frauduleusement participé à l'émission, exposition ou introduction en France desdites monnaies, sachant qu'elles étaient contrefaites ou altérées.

Art. 133 du code pénal.

D'avoir, depuis moins de dix ans, en la commune de....., frauduleusement contrefait ou altéré des monnaies étrangères à l'effigie de Léopold Ier, roi des Belges.

D'avoir, vers la même époque et au même lieu, frauduleusement participé à l'émission, exposition ou introduction en France desdites monnaies étrangères, sachant qu'elles étaient contrefaites ou altérées.

D'avoir, depuis moins de dix ans, en la commune de....., frauduleusement contrefait des pièces d'argent de 5 francs à l'effigie de Léopold Ier, roi des Belges, au millésime de....., monnaies étrangères.

D'avoir, le....., en la commune de....., frauduleusement émis, en la donnant en payement au sieur R....., une des pièces de 5 francs ci-dessus spécifiées, sachant qu'elle était contrefaite.

Faux en écriture authentique

et

Usage de pièces fausses.

———

Art. 147 (164) du code pénal.

1° D'avoir, le....., en la commune de....., pour rédimer son fils du service militaire, frauduleusement fait attester par sept témoins complaisants, dans un acte de notoriété reçu par le juge de paix du canton de....., le fait faux qu'il était entré dans sa 70ᵉ année, et d'avoir ainsi frauduleusement altéré les déclarations et faits que cet acte avait pour objet de constater.

~~~

Art. 148 du code pénal.

2° D'avoir, le....., à P....., fait usage de l'acte de notoriété précité, sachant qu'il constatait un fait faux, en le produisant à la mairie de P....., et en obtenant par ce moyen un certificat officiel, modèle F, destiné à établir que le fils R..... avait droit à l'exemption du service militaire comme fils unique de père entré dans sa 70ᵉ année.

~~~

Art. 148 du code pénal.

3° D'avoir, le même jour et au même lieu, fait usage de l'acte de notoriété précité, sachant qu'il constatait un fait faux, en le produisant devant le conseil de révision pour libérer son fils du service mi-

litaire, comme fils unique d'un père entré dans sa
70e année.

~~~

Art. 147 (164) du code pénal.

D'avoir, le....., à P....., par-devant Me R....., notaire
audit lieu, frauduleusement consenti sous le faux nom
de Marguerite, femme B....., sous lequel elle s'est
présentée en dissimulant le sien propre, un acte obligatoire en la forme authentique, daté du....., par lequel la femme B..... paraissait s'obliger, avec affectation hypothécaire , à payer au sieur L..... une
somme de 3,000 francs qui lui était prêtée par ledit
sieur L.....

~~~

Le nommé B..... :
1º D'avoir, le....., à P....., par-devant Me R.....,
notaire audit lieu, en présentant comme étant la
dame Marguerite, femme B....., sa mère, la nommée
S....., dont il dissimulait le nom, coopéré à un acte
obligatoire en la forme authentique, signé par lui, daté
du....., par lequel la femme B..... paraissait s'obliger,
avec affectation hypothécaire, à payer au sieur L.....,
qui la lui prêtait, une somme de 3,000 francs.

~~~

Art. 148 du code pénal.

2º D'avoir, le même jour et au même lieu, fait usage
de l'acte faux du....., sachant qu'il était faux, en se
faisant remettre par le notaire R..... les trois mille
francs prêtés par L.....

~~~

Art. 147 (164) du code pénal.

1° D'avoir, le....., à P....., par-devant Me R....., notaire audit lieu, contracté sous le nom du sieur V.....
une obligation de 500 fr. au profit du sieur M.....,
pour prêt de pareille somme, et affecté hypothécairement, par le même acte reçu R..... et son confrère, à
la garantie de cet emprunt, des immeubles sis en la
commune de..... et appartenant audit sieur V.....

Art. 148 du code pénal.

2° D'avoir, le même jour et au même lieu, fait usage
de ladite obligation, sachant qu'elle était fausse, en se
faisant remettre en espèces par le sieur R..... la somme
de 500 francs.

Art. 147 (164) du code pénal.

D'avoir, le....., à....., en se présentant sous le faux
nom de Marie D..... devant Me P....., notaire à.....,
frauduleusement obtenu de cet officier public la
rédaction en forme authentique d'un acte de son
ministère, constatant l'obligation contractée par elle,
sous cette fausse dénomination, de rembourser, dans
le délai d'un an, à un sieur Victor B....., la somme de
100 francs que celui-ci lui prêtait.

Art. 147 (164) du code pénal.

D'avoir, dans les derniers jours du mois de....., en
la commune de....., dans un acte de l'état civil dressé

par M. le maire de ladite commune, frauduleusement attribué ou fait attribuer à la fille Marie E....., demeurant à....., la maternité d'un enfant dont elle venait elle-même d'accoucher, et à qui étaient donnés les prénoms de Jean-Baptiste.

Art. 147 (164) du code pénal.

D'avoir, le....., à....., dans un certificat de domicile délivré, en vertu de l'art. 20 de la loi du 21 mars 1832, par le maire de la commune de....., frauduleusement altéré ou fait altérer les faits que cet acte était destiné à constater, en y faisant faussement insérer que Jean..... était domicilié dans ladite commune de....., duquel certificat ainsi altéré il pouvait résulter préjudice soit envers le trésor public, soit envers des tiers.

Art. 148 du code pénal.

D'avoir, le....., à....., sachant qu'il était faux, fait usage du faux certificat de domicile délivré audit Jean....., le....., par le maire de la commune de....., en le présentant au conseil de révision, qui a admis Jean en qualité de remplaçant militaire.

Art. 147 (164) du code pénal.

D'avoir, à....., depuis le mois de....., lors de la confection du tableau de recensement des jeunes conscrits de la classe de 1853, frauduleusement usurpé, pour obtenir son exemption, les nom, prénoms, âge et qualités de Louis P....., son frère aîné, décédé, soit en faisant inscrire sur ledit tableau, à l'article de Louis P....., qu'il avait comparu devant M. le maire et justifié d'une taille insuffisante, soit en confirmant ces fausses mentions audit article par sa signature.

D'avoir, au même lieu et depuis la même époque, lors du tirage au sort des jeunes gens appelés au service militaire pour la classe de 1853, frauduleusement usurpé, pour obtenir son exemption, les nom, prénoms, âge et qualités de Louis P....., son frère aîné, décédé, soit en tirant un numéro en cette fausse qualité, soit en faisant constater, en cette fausse qualité, son défaut de taille réglementaire.

Art. 146 (164) du code pénal.

D'avoir, depuis moins de dix ans, à....., dans l'exercice de ses fonctions de notaire, frauduleusement et faussement constaté que B....., demeurant à....., comparaissant comme partie dans un acte en brevet, daté du....., rédigé par le prévenu en sa qualité de notaire, consentait quittance de la somme de 300 fr. au sieur P....., propriétaire à....., et, après lecture, déclarait ne savoir signer, tandis que B..... n'a point assisté ni participé réellement à cet acte, qui a porté ou pouvait porter préjudice à B..... ou à autrui.

Art. 148 du code pénal.

D'avoir, le....., à....., fait usage de ladite quittance,
sachant qu'elle était fausse, en s'en faisant payer le
coût.

~~~

Art. 147 (164) du code pénal.

D'avoir, le...., à....., frauduleusement fabriqué ou
fait fabriquer des conventions emportant obligation à
la charge d'autrui, en se présentant devant le notaire
R..... avec un individu auquel il a fait prendre le nom
supposé de Sylvain B....., son frère, et qui, en
cette fausse qualité, lui a consenti par-devant le notaire R....., qui en a dressé acte, un billet à ordre de
la somme de 250 fr., causé valeur reçue comptant,
daté dudit jour, payable en l'étude du notaire R.....
à....., le....., et paraissant consenti par Sylvain B.....,
propriétaire à.....

~~~

Art. 148 du code pénal.

D'avoir, dans le cours des années....., fait usage du
billet faux, sachant qu'il était faux, et notamment :
1° en le faisant présenter par huissier et protester
faute de payement à....., en l'étude de Me R....., le.....;
2° en le faisant signifier au prétendu souscripteur Sylvain B..... et lui donnant citation à comparaître au
bureau de conciliation par le ministère de M.....,
huissier, le.....; 3° en produisant en justice le susdit
billet faux pour en obtenir payement devant le tribu-

nal civil de....., tant dans les écritures signifiées en
son nom que lors de sa comparution personnelle à
l'audience publique du.....

Art. 146 (164) du code pénal.

D'avoir, le....., à....., dans l'exercice de ses fonctions de notaire, commis un faux en écriture authentique en dénaturant frauduleusement la substance et
les circonstances d'un acte de son ministère, passé
entre les héritiers F..... et le sieur M....., et ce en
constatant comme vrais les faits faux suivants : *que la
veuve F..... était présente à cet acte, qu'elle avait
donné son consentement à la vente qu'il établissait*, etc.

Art. 146 (164) du code pénal.

D'avoir, le....., à....., dans l'exercice de ses fonctions
de notaire, frauduleusement écrit ou fait écrire au
bas de l'expédition d'un acte de vente, reçu par lui
le.....et consenti par le sieur B..... au sieur T.....,
une mention d'enregistrement qui n'existait pas sur
la minute dudit acte.

Art. 147 (164) du code pénal.

D'avoir, le....., à P....., en se présentant devant
M. G....., notaire audit lieu, sous le faux nom de
Jeanne, frauduleusement fait dresser par cet officier public un testament par lequel ladite Jeanne.....
paraissait léguer, au préjudice de ses héritiers natu-

rels, à Marie B....., sa mère, la nue propriété de ses biens, meubles et immeubles, et d'avoir, après lecture dudit acte, frauduleusement déclaré qu'il contenait bien ses intentions et ne savoir signer.

Art. 147 (164) du code pénal.

Geneviève C.....

D'avoir, le....., à......, devant Me G....., notaire audit lieu, frauduleusement fait fabriquer, sous le faux nom de Marie P....., qu'elle s'était attribué en dissimulant son propre nom, un testament en la forme authentique, par lequel Marie P..... paraissait léguer toute la quotité disponible de sa fortune à ladite Geneviève C..... et à Pierre M....., son mari.

Pierre M.....

D'avoir, le....., à....... devant Me G....., notaire audit lieu, frauduleusement fait fabriquer le testament authentique ci-dessus spécifié, en présentant Geneviève C....., sa femme, comme étant Marie P.....

Art. 147 (164) du code pénal.

D'avoir, le....., à....., frauduleusement rédigé et délivré au sieur J..... un certificat se référant au procès-verbal de vice rédhibitoire qu'il avait frauduleusement altéré, et constatant faussement que la jument signalée dans le procès-verbal ainsi altéré était dans l'impossibilité de se rendre à sa destination et avait dû être revendue par J....., certificat duquel il pouvait résulter préjudice pour R.....

~~

Art. 147 (164) du code pénal.

M.....

D'avoir, le....., à....., par-devant Mᵉ....., notaire audit lieu, frauduleusement consenti sous le faux nom de Pierre M....., sous lequel il s'est présenté en dissimulant le sien propre, un acte obligatoire en la forme authentique, daté du....., par lequel ledit Pierre M..... paraissait donner procuration et autorisation à Angèle R....., sa femme, d'acquérir une maison sise à P....., et d'avoir, en outre, frauduleusement apposé au pied dudit acte la fausse signature Pierre M.....

~~

Femme M.....

De s'être rendue complice du crime ci-dessus spécifié et imputé à M....., en donnant dans le cours de..... des instructions pour le commettre, et en lui remettant de l'argent (59-60 C. P.).

~~

Art. 148 du code pénal.

D'avoir, le....., à P....., fait usage de l'acte faux en date du....., sachant qu'il était faux, en le remettant à Mᵉ G....., notaire, chargé de passer l'acte par lequel la dame Angèle R....., épouse M....., acquérait du sieur..... une maison sise à P....., rue.....

~~

Art. 147 (164) du code pénal.

D'avoir, le....., à....., en se présentant devant
Mᵉ Ch....., notaire à cette résidence, sous le faux
nom de Pierre M....., entrepreneur de travaux publics,
fait dresser par ce fonctionnaire public un acte de son
ministère par lequel Pierre M..... paraissait accorder
à Angèle R....., sa femme, l'autorisation d'acheter une
maison sise à P...... et d'avoir, après lecture dudit
acte, frauduleusement apposé sur cet acte la fausse
signature de Pierre M....., d'où il pouvait résulter un
préjudice.

Art. 145, 146 (164) du code pénal.

D'avoir, le....., à....., fait usage d'une obligation,
en date du....., constatant faussement et frauduleusement que le nommé V..... comparaissait devant lui et
reconnaissait devoir une somme de 140 francs à un
sieur F....., sachant que cette obligation était fausse, en
la faisant figurer comme pièce justificative dans le
compte judiciaire par lui fourni en sa qualité de mandataire dudit V.....

Art. 148 du code pénal.

D'avoir, le....., à....., fait usage d'un acte de subro-
gation, en date du....., constatant faussement et frauduleusement que la nommée Joséphine F....., épouse
V....., comparaissait devant lui et subrogeait dans

tous les droits résultant pour elle de son hypothèque
légale le sieur R....., sachant que ledit acte subroga-
toire était faux, en le faisant figurer comme pièce justificative dans le compte judiciaire par lui fourni en
sa qualité de mandataire dudit V.....

Art. 145, 146 (164) du code pénal.

D'avoir, le....., à P....., dans l'exercice de ses
fonctions de notaire, frauduleusement supposé, dans
une obligation, que le nommé P..... et sa femme, Ho-
norine P....., comparaissaient devant lui et reconnais-
saient devoir une somme de mille francs au sieur
R....., pour prêt de pareille somme, et qu'ils affec-
taient hypothécairement leurs biens pour en garantir
le payement.

Art. 148 du code pénal.

D'avoir, le....., à P....., fait usage de cette obligation, sachant qu'elle était fausse, en remettant ou
faisant remettre à M. le conservateur des hypothèques
un bordereau par lequel inscription était requise, en
vertu dudit acte, sur tous les biens appartenant aux
époux P.....

D'avoir, le....., à....., fait usage de la même obligation, sachant qu'elle était fausse, en en remettant
une grosse ou expédition au sieur.....

Art. 145, 146 (164) du code pénal.

D'avoir, le....., à....., dans l'exercice de ses fonctions de notaire, frauduleusement supposé, dans une quittance, que le nommé G....., subrogé tuteur de la mineure B....., sa petite-fille, comparaissait devant lui et reconnaissait avoir reçu, en qualité de mandataire du sieur B....., une somme de 2,000 fr. provenant d'une somme de 5,000 fr. versée par suite d'un contrat d'acquisition, le....., par M. V....., à l'acquit de ladite mineure B.....

Art. 148 du code pénal.

D'avoir, le....., à....., fait usage de ladite quittance, sachant qu'elle était fausse, en la remettant à M. V..... comme preuve de sa libération.

Art. 145, 146 (164) du code pénal.

D'avoir, le....., à....., dans l'exercice de ses fonctions de notaire, et dans un acte de donation portant partage, en date du....., frauduleusement dénaturé la substance ou les circonstances de cet acte qui devait stipuler, d'après la volonté des parties, que toutes les sommes faisant l'objet de la donation ne pourraient être touchées et replacées, à cause de l'usufruit que s'étaient réservé les donateurs, qu'avec le concours simultané des donateurs et des donataires, en ajou-

tant faussement en marge, par dérogation aux conditions insérées audit acte, une clause d'après laquelle
les donateurs se réservaient le droit de recevoir seuls,
et sur leur simple quittance, les sommes revenant aux
mineures B..... et G.....

Art. 148 du code pénal.

D'avoir, le....., à....., fait usage dudit acte de donation portant partage, sachant qu'il contenait une
clause fausse, en représentant la minute à M. V.....,
pour le déterminer à payer.

Art. 145, 146 (164) du code pénal.

D'avoir, le....., à....., en sa qualité de notaire, frauduleusement fabriqué un billet de 500 fr. payable au
décès de Marie P....., et constatant faussement que le
nommé F..... comparaissait devant lui et reconnaissait
devoir au porteur dudit billet la somme de 500 fr.
avec intérêt annuel à raison de 50 0⟨0⟩.

Art. 145 (164) du code pénal.

D'avoir, à D....., le 23 décembre 1865, dans l'exercice de ses fonctions de notaire et en cette qualité,
frauduleusement et faussement constaté que le nommé
B..... comparaissait comme vendeur dans un acte
authentique portant vente d'une pièce de terre au
sieur M....., moyennant le prix de 555 fr., recon-

naissait avoir reçu comptant ledit prix de vente, en donnait quittance et, après lecture, déclarait ne savoir signer, tandis que ledit B..... n'a ni assisté, ni participé, ni donné son consentement audit acte, qui a porté ou pouvait porter préjudice à autrui.

~~~

Art. 148 du code pénal.

D'avoir, au même lieu, dans le courant de 1865, fait usage dudit acte, sachant qu'il était faux, en en remettant une expédition au sieur M.....

~~~

Art. 145 (164) du code pénal.

D'avoir, à D....., les 30 juin et 1er juillet 1865, dans l'exercice de ses fonctions de notaire et en cette qualité, frauduleusement et faussement constaté : 1° que le sieur B..... comparaissait audit acte comme investi de la qualité de mandataire des héritiers G....., et ayant, à ce titre, qualité pour opérer le transport de certaines créances, en recevoir le prix et en donner quittance ; 2° que les sieurs T..... et G..... comparaissaient audit acte pour accepter le transport de leurs contrats d'acquisition des biens provenant de la liquidation G....., et déclarer qu'ils avaient ce transport pour agréable, pour le tenir comme dûment notifié et pour n'avoir entre les mains aucune opposition de nature à empêcher les effets légaux dudit transport ; 3° que lesdits sieurs T..... et G..... avaient signé ledit acte, qui, par suite de cet ensemble de circonstances ou de l'une d'elles, a porté ou pouvait porter préjudice à autrui.

∿∿

Art. 148 du code pénal.

D'avoir, depuis moins de dix ans, à D....., fait usage dudit acte de transport, sachant qu'il était faux, en en transmettant une expédition au sieur C....., cessionnaire.

∿∿

Art. 147 (164) du code pénal.

D'avoir, le....., à....., frauduleusement altéré ou fait altérer dans un procès-verbal d'expert juré, relatif à une contestation judiciaire, antérieurement rédigé et formalisé par le sieur R....., en vertu d'une commission de M. le juge de paix du canton de....., le signalement d'une jument vendue par J..... pour son propre compte, et entachée de vices rédhibitoires, et d'y avoir frauduleusement fait substituer le signalement d'une autre jument également vendue par lui, mais pour le compte d'un nommé R....., pour appliquer à cette dernière jument ledit procès-verbal, duquel, par conséquent, il pouvait résulter un préjudice pour le sieur R.....

∿∿

Art. 148 du code pénal.

D'avoir, le....., à....., sachant qu'il était falsifié, frauduleusement fait usage du procès-verbal sus-re-

laté, en le remettant au sieur R..... pour établir que
la jument vendue par J....., au nom et au compte de
R....., était atteinte de vices rédhibitoires, et qu'il
avait été obligé de la reprendre et de la revendre à
perte.

Art. 147 (164) du code pénal.

François C..... père,

D'avoir, le....., à....., lors de la confection du tableau de recensement des jeunes conscrits de la classe
de 1853, pour procurer l'exemption de son fils Jean
C....., né à....., le 13 novembre 1835, frauduleusement
attribué à ce fils les désignations contenues dans un
acte de l'état civil de la même commune, en date du
7 avril 1833, qui paraissait applicable à un autre Jean
C....., et de l'avoir fait inscrire sur ledit tableau par sa
déclaration mensongère.

Jean C.... fils,

De s'être, à....., le....., lors du tirage au sort des
jeunes gens appelés au service militaire de la classe de
1853, frauduleusement attribué, pour obtenir son
exemption, les désignations contenues dans un acte de
l'état civil de la commune de....., qui paraissait constater, à la date du 7 avril 1833, la naissance d'un
autre Jean C....., soit en tirant un numéro en cette
fausse qualité, soit en faisant constater, en cette fausse
qualité, son défaut de taille réglementaire.

Art. 145, 146 (164) du code pénal.

D'avoir, le....., à....., dans l'exercice de ses fonctions de notaire à cette résidence, sur la minute d'un acte authentique, reçu par lui-même, portant échange entre Pierre M..... et les époux G....., frauduleusement substitué ou fait substituer les fausses dates des 12 août et 12 octobre 1864 aux véritables dates des 11 et 19 août de la même année, qu'il a supprimées.

—

D'avoir, le....., à....., dans l'exercice de ses fonctions de notaire à cette résidence, frauduleusement fabriqué ou fait fabriquer un acte par lequel François L..... paraissait vendre à Pierre R....,, aux dates du..., ses biens immeubles, alors que cet acte n'a jamais été consenti par les parties.

Art. 147 (164) du code pénal.

D'avoir, le....., à....., en comparaissant devant le tribunal correctionnel sous la prévention d'un délit de vol, faussement et frauduleusement déclaré et soutenu, jusqu'après la prononciation du jugement qui l'a condamné, qu'il avait pour nom et prénoms ceux de B..... Charles, fils de..... et de....., qu'il connaissait parfaitement, et d'avoir ainsi, par cette frauduleuse déclaration que le jugement avait pour objet de recevoir et de constater, altéré ou fait altérer l'acte authentique qui prononçait une condamnation contre Charles B.....

Art. 147 (164) du code pénal.

D'avoir, depuis moins de dix ans, frauduleusement fabriqué ou fait fabriquer un extrait de sentence de la cour de R....., de décembre 1472, portant au bas la mention : Signé (*illisible*), comme pour faire supposer la signature de l'officier public qui l'aurait délivrée, portant également en marge ces mots.: « Anjou, chambre des comptes, 1ʳᵉ boîte, n° 19, » et plus bas le mot : *Vu;* — extrait auquel il a cherché à donner l'apparence d'une écriture ancienne, et qu'il a subrepticement introduit parmi les dossiers des archives du département de....., dans le but de s'en faire délivrer une copie certifiée par le fonctionnaire compétent, et d'en faire usage pour égarer les magistrats dans l'interprétation ou l'appréciation d'autres actes produits au cours d'un procès civil intenté par la dame de M..... et le sieur D..... aux communes de....., auxquelles les premiers revendiquaient plusieurs pièces de terre dont elles se prétendaient propriétaires et dont ils prétendaient les communes être simples usagères ; ledit extrait constatant qu'une dame B....., en son vivant dame de..... et de....., avait, pour le bien et l'utilité de la paroisse de C..... et de St-B..... et habitants et manants d'icelle paroisse, fait don à la fabrique et communauté de C..... et St-B..... de droits d'usage, pacage et pâturage dans les terrains revendiqués, dont la propriété appartenait au seigneur de C.....

Art. 146 (164) du code pénal.

D'avoir, en rédigeant, en qualité de notaire, un acte de vente en date du....., frauduleusement dénaturé les circonstances de cet acte en constatant faussement :

1° Que les parties dénommées dans cet acte étaient présentes à la rédaction ;

2° Que la somme de 2,400 fr., prix de la vente, a été payée en présence des notaires et des parties par l'acquéreur ;

3° Que cette somme a été reçue par la dame B....., venderesse ;

4° Qu'elle a déclaré en donner quittance.

Art. 146 (164) du code pénal.

D'avoir, dans le courant du mois de....., à....., sur l'expédition par lui délivrée, en sa qualité de notaire, d'un acte en date du....., portant vente consentie par M..... à Louis Q....., dont il avait reçu la minute, frauduleusement dénaturé la substance ou l'une des circonstances de la mention de l'enregistrement, en constatant faussement que le receveur avait perçu 21 fr. 78 c. pour droits d'enregistrement, tandis que ce droit, d'après la minute de l'acte, n'avait été que de 12 fr. 10 c.

D'avoir, à la même époque et au même lieu, dans la même expédition délivrée par lui en sa qualité de notaire, frauduleusement dénaturé la substance ou l'une des circonstances de cette expédition, en constatant que le prix de vente était, d'après la minute de l'acte, de 350 fr., tandis que sur cette minute, où une partie du prix avait été dissimulée, il n'était que de 200 fr.

Art. 148 du code pénal.

D'avoir, le....., à....., fait usage de cette expédition, sachant qu'elle était fausse, en la remettant à Louis Q....., et en se faisant rembourser par lui les 21 fr. énoncés dans la mention de l'enregistrement portée sur cette expédition, ou en s'en faisant tenir compte.

Art. 146 (164) du code pénal.

D'avoir, au mois de....., à....., dans l'exercice de ses fonctions de notaire, frauduleusement fabriqué un billet à ordre à la date du....., causé valeur reçue en compte et portant obligation d'une somme de 250 fr., avec intérêts, de la part d'un sieur M....., propriétaire, au profit d'un sieur Louis T.....

D'avoir, à la même époque, dans l'exercice de ses fonctions de notaire, frauduleusement fabriqué sur ce billet, à la date du....., un endossement consenti par T....., causé valeur reçue comptant, et dans lequel n'était pas énoncé le nom de celui auquel il était passé.

Art. 145 (164) du code pénal.

D'avoir, dans le cours de l'année....., dans l'exercice de ses fonctions de notaire, frauduleusement intercalé, après la confection et la clôture de l'acte, ces mots : *Payé à P.....*, opérant décharge à son profit, dans un compte par lui rendu, à la date du....., audit P....., tuteur des mineurs M..... et N....., de deniers provenant d'une vente de meubles appartenant à ces mineurs à laquelle il avait procédé.

Art. 147 (164) du code pénal.

D'avoir, dans le cours du mois de....., à....., commis un faux en écriture authentique et publique, en s'appliquant frauduleusement, dans un acte de publication de mariage où il figurait comme futur conjoint, le prénom de Michel qui ne lui appartenait pas et qui était celui de son frère.

Art. 148 du code pénal.

D'avoir, le....., à....., fait usage de cette pièce, sachant qu'elle était fausse, en la faisant afficher, par les soins du maire de cette commune, dans l'endroit destiné aux publications de mariage.

Art. 147 (164) du code pénal.

D'avoir, le....., à....., sous les faux noms de Louis M....., fait frauduleusement fabriquer par le sieur

R....., notaire, agissant en cette qualité, un billet par lequel le prétendu Sylvain F..... s'engageait à payer la somme de..... à l'ordre du sieur N.....

—

D'avoir, le....., à....., sous les faux noms de Louis M....., fait frauduleusement fabriquer par le sieur R....., notaire, agissant en cette qualité, un endossement par lequel le prétendu Louis M..... transférait ce billet au sieur S.....

Art. 148 du code pénal.

D'avoir, le....., à....., fait usage de ce billet faux, sachant qu'il était faux, en le faisant escompter par le sieur N.....

Art. 147 (164) du code pénal.

De s'être présentée, le....., en l'étude de Mᵉ B....., notaire à....., sous le nom et la qualité de....., épouse de....., propriétaire à....., et d'avoir frauduleusement fait rédiger par cet officier public un acte de son ministère, par lequel elle a donné, sous ce nom et cette qualité usurpés, à Jean Ch....., son prétendu mari, une procuration générale à l'effet de gérer, administrer, aliéner et vendre les biens de ladite épouse Ch.....

Art. 145, 146 (164) du code pénal.

1° D'avoir, le....., à P....., dans l'exercice de ses fonctions de notaire à cette résidence, frauduleuse-

ment constaté dans un acte de son ministère que Marie
V..... comparaissait devant lui et consentait une vente
au sieur R..... et autres également comparant, acte
dont il leur aurait donné lecture à la date du....., tandis que les parties avaient réellement fait cette convention le....., époque à laquelle S....., qui n'était pas
encore notaire, recevait l'acte au nom du notaire
B....., en lui donnant ladite date du....., qu'il a frauduleusement supprimée.

Art. 148 du code pénal.

2° D'avoir, le....., à P....., fait usage de cet acte,
sachant qu'il contenait des constatations fausses.

(*Voir* FAUX commis à l'occasion de corruption de
fonctionnaires, pages 34 et 35.)

Faux en écriture publique
et
Usage de pièces fausses.

Art. 145, 146 (164) du code pénal.

D'avoir, le....., à P....., étant receveur d'octroi, dans
la rédaction d'un acte de son ministère, au n° 23 et
sur la souche de son registre A (combustible) du
bureau de....., frauduleusement dénaturé ou fait dé-

naturer les circonstances de cet acte, en constatant comme vrai le fait faux de la perception d'une somme de....., qu'il paraissait avoir reçue le....., pour droits d'octroi, d'un sieur R....., au lieu de celle de....., qu'il avait réellement perçue.

Art. 146 (164) du code pénal.

1° D'avoir, dans le cours du mois de....., à P...... étant huissier, constaté frauduleusement et faussement dans un acte de protêt qu'à la date du..... de la même année, il avait présenté au sieur R....., jardinier à....., trouvé par lui à....., pour en opérer le recouvrement, une traite tirée par le sieur V..... sur ledit R....., et que ledit R..... avait refusé d'en effectuer le montant.

Art. 148 du code pénal.

2° D'avoir, le....., à P....., fait usage de ce protêt faux, sachant qu'il était faux, en le soumettant à la formalité de l'enregistrement.

Art. 148 du code pénal.

3° D'avoir, dans les premiers jours du mois de....., à P....., fait usage de ce protêt faux, sachant qu'il était faux, en l'envoyant au banquier qui lui avait adressé la traite pour qu'il en opérât le recouvrement.

Art. 148 du code pénal.

4° D'avoir, vers la même époque et au même lieu, fait usage de ce protêt faux, sachant qu'il était faux, en s'en faisant payer le coût.

~~~

Art. 145, 146 (164) du code pénal.

1° D'avoir, le....., dans l'exercice de ses fonctions de maire de la commune de....., frauduleusement fabriqué ou fait fabriquer l'expédition d'une prétendue délibération du conseil municipal, sous la date du....., portant vote d'une somme de.... pour une dépense communale, laquelle délibération n'avait pas été réellement prise dans les termes énoncés à ladite expédition, et d'avoir frauduleusement constaté au bas de cette pièce que la prétendue délibération avait été signée par les sieurs R....., M..... et V....., qui ne l'avaient pas signée.

~~~

Art. 148 du code pénal.

2° D'avoir, à la même époque et au même lieu, dans l'exercice de ses mêmes fonctions, fait usage de ladite pièce fausse, sachant qu'elle était fausse, en la soumettant à l'approbation de M. le Préfet de.....

~~~

Art. 147 (164) du code pénal.

D'avoir, le....., à....., frauduleusement altéré ou fait altérer une quittance de la somme de 16 fr. à lui délivrée le..... par le receveur municipal de la com-

mune de..... pour l'acquit de la taxe sur les chiens
afférente aux exercices des années....., en vue de donner à cette pièce l'apparence d'une quittance de la
même taxe pour l'année....., altération frauduleuse de
laquelle pouvait résulter un préjudice pour ledit receveur municipal.

~~~

Art. 148 du code pénal.

D'avoir, le...., à....., fait usage de cette quittance
ainsi altérée, sachant qu'elle était falsifiée, en la faisant
produire au percepteur receveur municipal de la
commune de.....

~~~

Art. 147 (164) du code pénal.

1° D'avoir, à A....., le 3 mars 1866, apposé frauduleusement la fausse signature *H. T*..... au bas d'une
lettre missive par laquelle il transmettait au secrétaire de l'Académie, à P....., et comme étant le sien
propre, l'acte de naissance de son frère *Henri-Octave*
T.....;

2° D'avoir, à P....., le....., sous le faux nom de
Henri T....., comparu devant un des examinateurs
délégués, fait la version latine exigée par les règlements, à titre d'épreuve écrite, et signé ladite version
latine du faux nom *H. T*....., le tout pour faire constater faussement l'aptitude de *Henri-Octave* T..... à
l'obtention du diplôme de grammaire;

3° D'avoir, le même jour et au même lieu, sous le
faux nom de *Henri-Octave* T....., comparu devant les

membres de l'Académie de P..... délégués en commission d'examen, et y avoir subi, sous le faux nom de *Henri-Octave* T....., l'épreuve orale prescrite par les règlements, à la suite de laquelle il a fait faussement constater que *Henri-Octave* T..... était digne d'obtenir un certificat de grammaire.

~~

Art. 59, 60, 147 (164) du code pénal.

1° Aux époques et aux lieux ci-dessus indiqués, dans les circonstances qui y sont précisées, de s'être rendu complice des faux imputés à *Arsène-Louis* T....., en lui donnant des instructions ou en lui facilitant les moyens de les commettre.

~~

Art. 148 du code pénal.

2° D'avoir, à....., le....., fait usage du certificat d'examen de grammaire, sachant que cette pièce était le résultat des faux par supposition de personne perpétrés par son frère *Arsène-Louis* T....., en le remettant à M. le directeur de l'école préparatoire de médecine et de pharmacie, pour justifier du droit qu'il prétendait avoir de prendre inscription à ladite école en qualité d'élève en pharmacie, inscription qui a été réellement prise, suivant le certificat délivré à.....

~~

Art. 147 (164) du code pénal.

1° D'avoir, le 27 juillet 1852, à O....., apposé frauduleusement la fausse signature P. B. au folio 9 du

6

registre tenu à l'Académie de L....., pour l'inscription des déclarations des aspirants, à l'effet d'être
admis à subir l'examen pour le baccalauréat ès
lettres ;

2° D'avoir, le même jour, apposé frauduleusement,
et à deux reprises différentes, la fausse signature P. B.
sur le registre des examens pour le baccalauréat ès
lettres, à la page 90, préparée pour recevoir l'opinion
des examinateurs sur le candidat B., apposition de
signature nécessaire pour être admis à subir les
épreuves écrites et orales à la suite desquelles est con-
statée l'aptitude du candidat ;

3° De s'être présenté, ledit jour, sous le faux nom de
P. B., devant les membres de la Faculté des lettres de
P....., délégués à O..... et constitués en commission
pour l'examen des candidats au baccalauréat ès lettres,
avoir fait devant eux la version latine, épreuve écrite
exigée par les règlements, et avoir signé ladite version
du faux nom de P. B., le tout pour faire constater
faussement par ladite commission l'aptitude de B. au
grade de bachelier ;

4° De s'être présenté, le 27 juillet 1852, à O.....,
sous le faux nom de P. B., devant les membres de la
Faculté de P....., délégués en commission d'examen,
et y avoir subi, sous ce faux nom, l'épreuve orale prescrite par les règlements, à la suite de laquelle il a fait
faussement constater que B. était digne d'obtenir un
certificat d'aptitude au grade de bachelier ès lettres.

B.....

De s'être, à la même époque et au même lieu, rendu complice des faux ci-dessus spécifiés : 1° en provoquant, par dons et promesses, l'auteur de ces faux à les commettre ; 2° en lui donnant des instructions et en lui facilitant les moyens de les commettre. (Art. 59, 60, 147 [164] C. P.)

Art. 147 (164) du code pénal.

D'avoir, le....., à....., frauduleusement fait fabriquer par le maire de. ... un certificat destiné à faire admettre François D..... comme remplaçant dans l'armée, ledit certificat constatant faussement que le nommé D....., qui avait été condamné correctionnellement pour vol, ne l'avait pas été.

Art. 148 du code pénal.

D'avoir, le....., à....., sachant qu'il était faux, fait usage de ce faux certificat, en le produisant devant le conseil de révision de..... pour se faire admettre comme remplaçant militaire.

Art. 147 (164) du code pénal.

D'avoir, le....., à....., commis un faux en écriture publique en substituant frauduleusement, sur une quittance d'imposition à lui délivrée par le percepteur de la commune de....., le chiffre 2 au chiffre 1 qui indiquait la date de l'exercice pour lequel cette quittance avait été délivrée.

~~

Art. 147, 148 (164) du code pénal.

D'avoir, le....., à....., après avoir obtenu , le....., à l'aide d'une déclaration mensongère du maire de....., un certificat rédigé par ce magistrat, en exécution de la loi du 21 mars 1832, constatant faussement que le sieur F....., que ledit Q..... voulait faire admettre comme remplaçant, n'avait jamais été condamné pour vol, fait usage de cette pièce, sachant qu'elle était fausse, en la remettant à un nommé R....., agent de remplacement, dans le but de se faire délivrer par ce dernier une somme d'argent à titre de commission.

~~

Art. 147 (164) du code pénal.

D'avoir, depuis moins de dix ans , à....., dans un ou plusieurs des états trimestriels des fournitures faites aux détenus de ladite ville de....., états produits à l'administration départementale pour obtenir payement, et certifiés par lui en sa qualité de concierge ou gardien-chef de la maison d'arrêt , frauduleusement compris ou fait comprendre au nombre des détenus ayant reçu les rations de pain supplémentaires ceux des détenus qui n'étaient pas encore placés sous mandat de dépôt et qu'il était autorisé à recevoir par l'arrêté du préfet du....., alors qu'il comprenait déjà ou faisait comprendre en même temps ces mêmes détenus dans le compte général de tous ceux qui avaient reçu les rations supplémentaires ; établissant ainsi ou faisant établir, pour en réclamer indûment le payement, comme ayant été faite deux fois pour le même individu dans le même laps de temps, la fourniture de pain que celui-ci n'avait reçue qu'une fois.

***

Art. 147 (164) du code pénal.

D'avoir, le......, à....., dans les mêmes états trimestriels, frauduleusement établi ou fait établir comme ayant reçu les rations de pain réglementaires ceux des détenus qui faisaient venir leurs vivres du dehors de la prison, aux termes de l'art. 58 du règlement général du 30 octobre 1841 pour les prisons départementales, et qui, d'après ce règlement, n'avaient plus droit aux vivres de la prison, notamment en ce qui concerne les nommés......;

Se faisant ainsi rembourser, au préjudice du département, le payement de fournitures qui n'avaient pas été faites ou dont il avait personnellement disposé.

***

Art. 147 (164) du code pénal.

D'avoir, le....., à....., et dans les mêmes états trimestriels, frauduleusement établi ou fait établir, comme ayant été fournie par lui aux détenus, une quantité de soupe supérieure à celle qu'il leur avait réellement fournie, et faisant ainsi rembourser, au préjudice du département, des fournitures qui n'avaient pas été faites.

***

Art. 148 du code pénal.

D'avoir, le....., à....., fait usage des états trimestriels faux ci-dessus spécifiés et qualifiés, sachant qu'ils étaient faux, soit en les présentant au visa de la commission charitable ou commission de surveillance des prisons de....., puis au visa du sous-préfet, soit en les produisant à l'administration départementale pour obtenir le remboursement de ses prétendues fournitures.

Art. 147 (164) du code pénal.

D'avoir, le....., à....., frauduleusement altéré ou fait altérer une quittance opérant décharge à son profit d'une somme de 10 fr., et à lui délivrée, le....., par le percepteur de la commune de..... : 1° en substituant ou faisant substituer le chiffre 9 au *zéro* écrit sur ladite quittance à côté de l'unité, de manière à ce que la quittance fût de 19 *francs*, au lieu de 10 francs ; 2° en lacérant où faisant lacérer la partie de la quittance où se trouvait écrit en toutes lettres le mot *dix*, de manière à faire penser que le mot *neuf*, correspondant au même chiffre substitué au zéro, se trouvait originairement sur la partie lacérée ; 3° en ajoutant ou faisant ajouter dans la colonne destinée aux numéros du rôle le n° 287, qui n'y était pas inscrit lorsque cette quittance était sortie du bureau du percepteur.

Art. 2, 148 du code pénal.

D'avoir, le....., à....., tenté de faire usage de cette pièce ainsi falsifiée, sachant qu'elle était falsifiée, en la présentant au sieur P....., employé et représentant du sieur G....., percepteur de la commune, au nombre des quittances établissant son compte et opérant sa décharge d'autant;

Laquelle tentative, etc.

Art. 147 (164) du code pénal.

D'avoir, le....., à....., frauduleusement fabriqué ou fait fabriquer sur le registre des baptêmes, mariages et enterrements de ladite paroisse de....., pour l'année....., et à la date du....., un faux acte de mariage entre Pierre M..... et Louise A....., attribuant faussement à Pierre M..... la qualité de fils de Jean et de Marguerite B.. ..

Art. 148 du code pénal.

D'avoir, dans le courant de l'année....., à....., fait usage de ce faux acte de mariage, sachant qu'il était faux, en en produisant une expédition à l'appui de leur demande dans une instance en partage de la succession de Pierre M....., pendante devant le tribunal de première instance de.....

Art. 145, 146 (164) du code pénal.

D'avoir, le....., à....., commis un faux dans l'exercice de ses fonctions de receveur buraliste des contributions indirectes :

1° En dénaturant frauduleusement la substance ou les circonstances de la souche du congé n° 14, soit en écrivant des déclarations autres que celles qui avaient été tracées ou dictées par les parties, soit en constatant comme vrais des faits faux ;

2° En altérant frauduleusement après coup, par des grattages, les écritures de ladite souche de congé, et en substituant par ce moyen des énonciations mensongères aux mentions qui s'y trouvaient originairement établies.

Art. 148 du code pénal.

D'avoir, le....., à....., fait usage de ladite souche de congé fausse, sachant qu'elle était fausse, en la remettant aux employés des contributions indirectes pour servir à déterminer le montant de son versement.

Art. 147 (164) du code pénal.

D'avoir, le....., à....., frauduleusement porté ou fait porter sur le rôle des salaires des cantonniers, qu'il était chargé de dresser et de certifier, en sa qualité d'agent voyer, pour déterminer la délivrance des mandats de payement au sieur R....., comme ayant travaillé pendant le mois de....., sur le chemin n° 38

de..... à....., alors que celui-ci n'avait fait aucun travail sur ledit chemin.

~~~

Art. 148 du code pénal.

D'avoir, à la même époque et au même lieu, fait
usage de cette pièce, sachant qu'elle était fausse, en la
transmettant à l'autorité supérieure, et en faisant
délivrer par ce moyen un mandat d'une certaine
somme.

~~~

Art. 145 (164) du code pénal.

D'avoir, le....., à....., dans l'exercice de ses fonctions de maire de la commune de....., frauduleusement apposé ou fait apposer à la colonne d'émargement, art. 37, sur un état officiel ou pièce comptable
établissant les sommes à payer aux ouvriers indi-
gents employés à des travaux publics, la fausse signature M.....

~~~

Art. 148 du code pénal.

D'avoir, le....., à....., dans l'exercice des mêmes
fonctions, fait usage de ladite pièce fausse, sachant
qu'elle était fausse, en en faisant toucher le montant à
la caisse du receveur municipal.

~~~

Art. 147 (164) du code pénal.

D'avoir, le....., à....., en faisant décharger son
compte par les employés de la recette de P....., et

comme les ayant expédiées au nommé C....., des quantités d'alcool qu'il savait ne pas avoir expédiées à ce
dernier, frauduleusement obtenu desdits employés,
agissant dans l'exercice de leurs fonctions, la rédaction sur le portatif de gros, au folio 109 et à la date
de....., d'un acte de recensement constatant comme
vrai le fait faux d'un excédant peu considérable, au
lieu d'un manquant passible des droits de consomma-
tion envers la régie;

Et d'avoir ainsi frauduleusement fait altérer, dans
un acte du ministère des employés des contributions
indirectes, les faits que cet acte avait pour objet de
constater.

~~~

Art. 147 (164) du code pénal.

D'avoir, en 186....., à....., en remettant aux employés de la recette particulière de R....., pour qu'il
fût pris en charge à son compte, un acquit fictif
portant le n° 405 du bureau de P..... et la date du.....;
par lequel le sieur C..... paraissait lui avoir expédié
4 hectolitres d'alcool, frauduleusement obtenu desdits
employés la rédaction d'actes de décharge de cet
acquit, à la date du....., tant au dos de cet acquit que
sur le registre de décharge de la recette de R....., sous
le n° 619.

~~~

Art. 147 (164) du code pénal.

D'avoir, le....., à....., en faisant faussement prendre
en charge à son compte par les employés de la recette

particulière de P....., et comme les ayant reçues de
C....., certaines quantités d'alcool qu'il savait ne pas
lui avoir été expédiées par ce dernier, frauduleusement obtenu desdits employés, agissant dans l'exercice de leurs fonctions, la rédaction sur le portatif de
gros, au folio 67 et à la date du....., d'un acte de
recensement constatant comme vrai le fait faux d'un
manquant de 65 litres, alors que son magasin pré-
sentait un excédant passible de saisie et d'amende ;

Et d'avoir ainsi frauduleusement fait altérer, dans
un acte du ministère des employés des contributions
indirectes, les faits que cet acte avait pour objet de
constater.

Art. 146 (164) du code pénal.

D'avoir, le....., à....., en rédigeant un acte de son
ministère comme garde champêtre, frauduleusement
dénaturé la substance ou les circonstances dudit acte,
en constatant faussement dans un procès-verbal qu'il
avait surpris, ledit jour, un sieur M..... faisant paître
ses vaches dans un pré appartenant au sieur R.....,
et ayant occasionné un dommage évalué à 15 francs.

Art. 145, 146 (164) du code pénal.

D'avoir, en 186....., à....., dans l'exercice de ses
fonctions, sur une feuille d'attachement datée du.....,
qu'il était chargé de tenir et de certifier en sa qualité
de garde-dunes, et qui était destinée à servir de base
à la délivrance des mandats de payement, frauduleu-

sement constaté, au préjudice du Trésor public, qu'il était dû au sieur P..... une certaine somme d'argent, supérieure à celle qu'il avait gagnée en réalité.

~~~

Art. 148 du code pénal.

D'avoir, à la même époque et au même lieu, fait usage de ladite feuille d'attachement, sachant qu'elle constatait comme vrais des faits faux, en l'adressant à ses supérieurs hiérarchiques.

~~~

Art. 146 (164) du code pénal.

D'avoir, le....., à....., étant garde champêtre de cette commune, frauduleusement dénaturé la substance ou les circonstances d'un acte de son ministère, en constatant, dans un procès-verbal par lui rédigé contre les époux H....., comme vrais des faits qu'il savait faux.

~~~

Art. 146, (164) du code pénal.

D'avoir, le....., à....., en rédigeant un acte de ses fonctions, frauduleusement dénaturé ou fait dénaturer la substance ou les circonstances de la souche de la quittance n°....., en portant ou faisant porter comme reçue du sieur G..... la somme de 48 francs, au lieu de celle de 100 francs, réellement versée par ce contribuable ledit jour.

~~~

Art. 148 du code pénal.

D'avoir, le....., à....., fait usage desdites écritures fausses, sachant qu'elles étaient fausses, notamment en dressant ou faisant dresser, conformément à leurs énonciations, son livre récapitulatif servant de base pour ses versements à la recette générale à laquelle il était présenté.

Art. 146 (164) du code pénal.

D'avoir, le....., étant percepteur de la commune de....., en rédigeant un acte de ses fonctions, frauduleusement dénaturé ou fait dénaturer la substance ou les circonstances des écritures destinées à constater le versement fait ledit jour par le sieur F....., en délivrant ou faisant délivrer à celui-ci une quittance portant le n°....., établissant le payement de 105 fr., alors que le n° correspondant à la souche porte la mention d'un versement de 4 francs, opéré le..... par le sieur F.....

Art. 148 du code pénal.

D'avoir, le....., à....., fait usage desdites écritures fausses, sachant qu'elles étaient fausses, notamment en dressant ou faisant dresser, conformément à leurs énonciations, son livre récapitulatif qui était présenté à la recette générale comme base des versements qu'il devait opérer.

Art. 146 (164) du code pénal.

D'avoir, le....., à....., étant percepteur de cette commune, sur le livre récapitulatif de ses recettes, frauduleusement altéré ou fait altérer, dénaturé ou fait dénaturer la substance des écritures dudit livre, en constatant faussement au total des recouvrements opérés jusqu'alors sur l'exercice 186..... une somme inférieure de 1,000 francs à la recette réelle.

Art. 148 du code pénal.

D'avoir, le....., à....., fait usage des écritures fausses ci-dessus spécifiées, sachant qu'elles étaient fausses, soit en présentant ou faisant présenter son livre récapitulatif à la recette générale comme base des versements qu'il devait opérer, soit en fournissant des bordereaux de versements et de situation men-suelle conformes à ces fausses écritures.

Art. 147 (164) du code pénal.

D'avoir, le....., à P....., en mentionnant sur le registre à souche du percepteur de cette ville, dont il était le commis, le payement de contributions effectué le même jour par le sieur E....., frauduleusement altéré ou fait altérer les faits que cette mention avait pour objet de constater, en ne faisant figurer que pour 491 fr. 61 c. sur ledit registre la somme de 591 fr. 61 c. versée par le sieur E....., suivant quit-tance délivrée à celui-ci.

Art. 147 (164) du code pénal.

D'avoir, le....., à P....., en mentionnant sur le registre à souche du percepteur de cette ville, dont il était le commis, le payement de contributions effectué le même jour par le sieur M....., frauduleusement altéré ou fait altérer les faits que cette mention avait pour objet de constater, en portant sous le numéro 2531 de ce registre, comme payée à l'acquit d'un sieur X....., une somme de 2 fr. 30 c., en remplacement de celle de 40 fr. 83 versée par le sieur M....., suivant quittance délivrée à celui-ci.

Art. 147 (164) du code pénal.

D'avoir, le 30 juin 1866, à P....., frauduleusement apposé ou fait apposer, en sa qualité de commis du percepteur de cette ville, la fausse signature du sieur S....., fondé de pouvoirs dudit percepteur, au bas d'une quittance détachée du registre numéro 6 de la perception, portant le numéro 4170, et constatant le payement fait, ledit jour, par le sieur D....., d'une somme de 7 fr.

Art. 148 du code pénal.

D'avoir, le même jour, au même lieu, fait usage de la quittance ci-dessus spécifiée, sachant qu'elle était fausse, en la remettant au sieur D.... comme preuve de sa libération.

Art. 147 (164) du code pénal.

D'avoir, le....., à P....., dans l'exercice de ses fonctions de simple commis du percepteur de cette ville, fait frauduleusement précéder sa signature apposée au bas d'une quittance détachée du registre numéro 6 de la perception, portant le numéro 4171, et constatant le payement fait, ledit jour, par un sieur C....., d'une somme de 2 fr. 30 c., de la fausse qualité de fondé de pouvoirs dudit percepteur, qualité créant en sa faveur le droit d'exercer le recouvrement de la somme en question, et que par cela même cette quittance avait pour objet de recevoir et de constater.

Art. 148 du code pénal.

D'avoir, le même jour et au même lieu, fait usage de la quittance ci-dessus spécifiée, sachant qu'elle était fausse, en la remettant au sieur C..... comme preuve de sa libération.

Art. 146 (164) du code pénal.

D'avoir, le même jour et au même lieu, étant percepteur à B....., pour dissimuler la soustraction ou le détournement ci-dessus spécifiés, frauduleusement altéré ou dénaturé sur le journal à souche (3e série), coté et paraphé le....., et au numéro 1670, la substance des écritures qui avaient pour but d'établir et de préciser la sincérité de la perception, en constatant une recette moindre que celle qu'il avait réellement faite.

Art. 148 du code pénal.

D'avoir, en 186....., à P....., en sa qualité de percepteur, fait usage des écritures ainsi altérées ou dénaturées, sachant qu'elles constataient comme vrai un fait faux, en adressant au receveur particulier de..... un bordereau de situation conforme auxdites écritures.

Art. 145 (164) du code pénal.

D'avoir, le ....., à....., dans l'exercice de ses fonctions d'employé de l'administration des postes, frauduleusement apposé ou fait apposer la signature contrefaite du sieur S..... à la colonne des émargements du registre des mandats des articles d'argent payés au bureau de....., pour décharge d'une somme de 60 fr., montant d'un mandat sur la poste délivré par le directeur des postes de....., et adressé par le sieur T..... au sieur S.....

Art. 145 (164) du code pénal.

D'avoir, le....., à....., dans l'exercice de ses fonctions d'employé de l'administration des postes, frauduleusement apposé ou fait apposer la signature contrefaite du sieur S..... au bas des mots : *Pour acquit*, placés sur le verso d'un mandat sur la poste de la somme de 60 fr., délivré par le directeur des postes de....., et adressé par le sieur T..... au sieur S.....

7

Art. 148 du code pénal.

D'avoir, le....., à....., fait usage de ces signatures contrefaites, sachant qu'elles étaient contrefaites, en se payant à lui-même, ou en se faisant remettre, au moyen desdites signatures, la somme de 60 fr., montant du mandat sur la poste adressé par le sieur T..... au sieur S.....

Faux en écriture de commerce

et

Usage de pièces fausses.

Art. 147 (164) du code pénal.

1° D'avoir, le....., à P....., frauduleusement fabriqué ou fait fabriquer un billet à ordre de 110 francs, daté de....., causé valeur reçue en farines, paraissant souscrit à son profit par le sieur R....., marchand tuilier à....., et portant la fausse signature A.....

Art. 148 du code pénal.

2° D'avoir, le....., à P....., fait usage de ce billet faux, sachant qu'il était faux, en le négociant au sieur V....., qui lui en a compté la valeur.

Art. 147 (164) du code pénal

1° D'avoir, depuis moins de dix ans, à P....., frauduleusement fabriqué ou fait fabriquer une traite ou lettre de change de 15,000 francs, paraissant souscrite et signée par M. R....., négociant à B....., et tirée à son profit sur un sieur V....., négociant à P.....

~~~

Art. 148 du code pénal.

2° D'avoir, le....., à P....., fait usage de ladite traite ou lettre de change, sachant qu'elle était fausse, en la produisant au sieur N....., notaire à P....., dans le but de faire croire à ce notaire qu'il avait les ressources nécessaires pour payer un immeuble qu'il désirait acheter.

~~~

Art. 147 (164) du code pénal.

1° D'avoir, à P....., depuis le mois de..... au mois de....., dans une ou plusieurs circonstances, soit sur le registre matricule, soit sur le registre-journal de l'école de....., qu'il était chargé de tenir à jour, comme agent comptable adjoint au directeur de ladite société commerciale, frauduleusement omis de porter en recettes des sommes par lui reçues, ou porté en recettes des sommes inférieures à celles qu'il avait reçues, et d'avoir ainsi, pour masquer des détournements, frauduleusement altéré les faits que ces registres avaient pour objet de constater.

~~~

Art. 148 du code pénal.

2° D'avoir, à la même époque et au même lieu, frauduleusement fait usage des faux ci-dessus spécifiés, sachant qu'ils étaient faux, en présentant comme pièces justificatives de sa gestion, soit au trésorier, soit à la commission d'administration de l'école, un ou plusieurs comptes rendus ou états mensuels ou trimestriels conformes aux registres altérés.

Art. 147 (164) du code pénal.

3° D'avoir, à P....., du mois de..... au mois de....., dans une ou plusieurs circonstances, sur le registre-journal de l'école de....., qu'il était chargé de tenir à jour comme agent comptable adjoint au directeur de ladite société commerciale, frauduleusement porté en dépenses des sommes qu'il n'avait pas payées ou supérieures à celles qu'il avait réellement payées pour le compte de la société, et d'avoir ainsi, pour masquer les détournements, frauduleusement altéré les faits que ce registre avait pour objet de constater.

Art. 148 du code pénal.

4° D'avoir, à la même époque et au même lieu, frauduleusement fait usage des faux ci-dessus spécifiés, sachant qu'ils étaient faux, en présentant comme pièces justificatives de sa gestion, soit au trésorier, soit à la commission d'administration de l'école, un ou plusieurs comptes rendus ou états mensuels ou trimestriels conformes au registre altéré.

Art. 147 (164) du code pénal.

1° D'avoir, le....., à P....., frauduleusement fabriqué
ou fait fabriquer un billet à ordre de la somme de.....,
paraissant souscrit à son profit par un sieur R.....,
maître menuisier, causé valeur reçue en marchandises
et portant la fausse signature R.....

Art. 148 du code pénal.

2° D'avoir, vers la même époque et au même lieu,
fait usage de ce billet faux, sachant qu'il était faux,
en le donnant en gage au sieur N....., aubergiste, dont
il était le débiteur.

3° D'avoir, le....., à....., fait usage de ce billet faux,
sachant qu'il était faux, en le faisant proposer ou le
proposant lui-même à l'escompte du sieur V.....

Art. 147 (164) du code pénal.

1° D'avoir, le....., à P....., dans un acte sous seing
privé, par lequel le sieur V..... lui donnait simple-
ment récépissé, à cette date, de diverses pièces rela-
tives à un remplaçant militaire, frauduleusement inséré après coup une convention emportant décharge
conditionnelle, au profit du sieur R....., des obligations résultant d'un traité antérieur, en matière de
commerce, du.....

Art. 148 du code pénal.

2° D'avoir fait usage de cet acte frauduleusement altéré, sachant qu'il était faux, en le produisant, notamment le....., à l'audience du tribunal de commerce de....., au cours d'un procès relatif à l'exécution dudit traité du.....

Art. 147 (164) du code pénal.

D'avoir, dans le courant de....., en l'arrondissement de....., au dos d'un billet de la somme de....., daté de....., le....., paraissant souscrit par lui à l'ordre du sieur F....., marchand de blé, payable le....., à....., causé valeur reçue en marchandises, frauduleusement apposé ou fait apposer, pour valoir endossement, la fausse signature F.....

Art. 148 du code pénal.

D'avoir, le....., à....., fait usage de cette valeur fausse, sachant qu'elle était fausse, en la négociant à M. R....., banquier, qui lui en a versé le montant.

Art. 147 (164) du code pénal.

D'avoir, le....., à....., frauduleusement fabriqué ou fait fabriquer un billet à ordre de la somme de......, paraissant souscrit à son ordre par le sieur F....., marchand de blé, payable le....., à....., et d'avoir frauduleusement apposé ou fait apposer au bas de cet effet la fausse signature F.....

Art. 148 du code pénal.

D'avoir, à la même époque et au même lieu, fait usage de cette valeur fausse, sachant qu'elle était fausse, en la négociant à M. R....., banquier, qui lui en a versé le montant.

~~~

Art. 147 (164) du code pénal.

D'avoir, sur une facture du.... le constituant débiteur d'une somme de 295 fr., pour livraison de marchandises, envers les sieurs V....., marchands de nouveautés à....., frauduleusement fabriqué ou fait fabriquer à son profit un faux acquit, daté à....., le....., et portant la fausse signature de Léon A....., commis voyageur des sieurs V....., au nom de qui il paraissait donner quittance.

~~~

Art. 148 du code pénal.

D'avoir, le....., à....., fait usage dudit acquit faux, sachant qu'il était faux, en l'opposant comme preuve de sa libération aux sieurs V....., qui lui réclamaient le payement de leur facture du....., montant à 295 fr.

~~~

Art. 147 (164) du code pénal.

D'avoir, le....., à....., frauduleusement fabriqué ou fait fabriquer un acte de connaissement par lequel un sieur F....., capitaine de navire, déclarait que B....., négociant à....., avait chargé sur son navire, à la destination de....., 1,800 hectolitres de froment, et d'avoir apposé ou fait apposer au bas dudit connaissement la fausse signature F.....

Art. 148 du code pénal.

D'avoir, [le....., à....., fait usage de ce faux connaissement, sachant qu'il était faux, en le remettant au sieur T..... comme garantie d'une somme qu'il lui empruntait.

Art. 147 (164) du code pénal.

D'avoir, le....., à....., frauduleusement apposé ou fait apposer au bas d'une lettre commençant par ces mots : ....., et finissant par ceux-ci : ..... la signature commerciale : « Par procuration de la maison B....., » alors que cette maison était, à sa connaissance, déclarée en faillite depuis le....., et par conséquent n'existait plus.

Art. 148 du code pénal.

D'avoir, le....., à....., fait usage de cette lettre contenant des énonciations fausses, les sachant fausses, en la remettant au sieur T....., afin d'en obtenir des fonds.

Art. 147 (164) du code pénal.

D'avoir, le....., à....., frauduleusement altéré ou fait altérer la date d'une lettre signée B....., négo-

ciant à....., par laquelle celui-ci l'accréditait comme
représentant de sa maison de commerce près de la
maison Eugène....., négociant à.-..., en substituant,
dans le millésime 1842, le chiffre 3 au chiffre 2, qui
y figurait originairement.

Art. 148 du code pénal.

D'avoir, le....., à....., fait usage de cette lettre de
commerce ainsi altérée dans sa date, sachant qu'elle
était altérée, en la remettant au sieur T....., afin de
se créer un crédit près de celui-ci.

Art. 147 (164) du code pénal.

D'avoir, le....., à....., au dos d'un connaissement
constatant le chargement sur le navire *la Félicie*
d'une certaine quantité de melasse, endossé à la
maison B..... et G....., pour garantie, frauduleusement
altéré ou fait altérer cet endossement ainsi formulé :
« Payez à l'ordre de MM. B....., G..... et compagnie,
valeur garantie. — Niort, le 11 août 1863 , » en sup-
primant par un grattage une partie de cette formule
et en la faisant modifier de manière à en faire un
ordre de livraison ainsi conçu : « Délivrez à l'ordre de
MM. M..... et R....., valeur de la Rochelle. Niort, le
31 août 1863. »

Art. 148 du code pénal.

D'avoir, le....., à.,...., fait usage de ladite pièce
ainsi falsifiée, sachant qu'elle était falsifiée, en la

transmettant à M. M....., pour qu'il pùt faire opérer le déchargement du navire *la Félicie.*

Art. 147 (164) du code pénal.

D'avoir, en 186....., à....., commis un faux en substituant frauduleusement sur ses livres de commerce, au folio 27 du journal, à son crédit, la mention : *ses remises, effets n°s 575 à 584, 12,407 fr. 50 c.,* à la mention : *ses remises, effets n°s 575 à 584, 407 fr. 50 c.,* ce qui augmentait fictivement son crédit d'une somme de 12,000 fr.

Art. 147 (164) du code pénal.

D'avoir, le....., à....., commis un faux en substituant frauduleusement sur ses livres de commerce, au folio 21 du journal, à son crédit, la somme de 11,814 fr. 85 c. à celle de 25,814 fr. 85 c. qui y était primitivement établie, ce qui diminuait fictivement son débit d'une somme de 14,000 fr.

Art. 147 (164) du code pénal.

D'avoir, le....., à....., commis un faux en soldant frauduleusement, par un débit fictif sur ses livres de commerce, le compte créditeur du sieur C....., ce qui établissait fictivement que la société B..... avait payé à C..... la somme de 6,950 francs qu'elle lui devait encore.

Art. 147 (164) du code pénal.

D'avoir, à....., le....., en se présentant chez le sieur
D....., négociant, sous le faux nom de C....., maréchal ferrant à....., frauduleusement apposé le *bon
pour* et la fausse signature C..... au pied d'un billet
par lequel le prétendu C..... paraissait s'engager à
payer, au 26 mai suivant, à l'ordre de D....., la
somme de 62 fr., valeur en marchandises actuellement livrées.

Art. 148 du code pénal.

D'avoir, au même jour et au même lieu, fait usage
du billet faux ci-dessus spécifié, sachant qu'il était
faux, en le donnant au sieur D..... en payement de
marchandises qui lui étaient actuellement livrées.

Art. 147 (164) du code pénal.

D'avoir, le....., à....., au dos d'un billet de 3,000 fr.,
causé valeur reçue en marchandises, souscrit par lui
au profit du sieur R....., ou à son ordre, frauduleusement apposé ou fait apposer, pour endossement en
blanc, la fausse signature dudit R....., marchand
meunier.

Art. 148 du code pénal.

D'avoir, à....., en transmettant le billet ci-dessus
au sieur B....., banquier à....., qui lui en a compté
la valeur, fait usage dudit endossement faux, sachant
qu'il était faux.

Art. 147 (164) du code pénal.

D'avoir, le....., à....., étant porteur d'un billet à ordre, daté du....., payable au....., et souscrit pour la somme de....., par un sieur S....., maréchal ferrant, au profit du sieur L...., son père, marchand quincaillier, frauduleusement altéré ledit billet à ordre en intercalant le mot *fils* après le mot L....., de manière à transformer un billet à ordre souscrit à son père en un billet à ordre souscrit à son profit.

Art. 148 du code pénal.

D'avoir, le....., à....., fait usage de ce billet faux, sachant qu'il était faux, en le négociant au sieur B..., banquier à.....

Art. 147 (164) du code pénal.

D'avoir, le....., à....., étant porteur d'une traite de 400 fr. tirée par lui R..... sur le sieur B....., cafetier à....., frauduleusement apposé ou fait apposer sur ladite traite la fausse acceptation et la fausse signature *Accepté B....., cafetier.*

Art. 148 du code pénal.

D'avoir, le....., à....., fait usage de cette pièce fausse, sachant qu'elle était fausse, en faisant escompter ladite traite par M. B....., banquier.

Art. 147 (164) du code pénal.

D'avoir, depuis moins de dix ans, à....., frauduleusement fabriqué ou fait fabriquer, sur une lettre de change de mille francs datée du....., signée de lui, payable au domicile de....., à....., causée valeur reçue en compte, un bon pour acceptation revêtu de la fausse signature B.....

Art. 148 du code pénal.

D'avoir, le....., à....., fait usage de cette valeur fausse, sachant qu'elle était fausse, en la négociant au sieur V....., banquier, qui lui en a versé le montant.

Art. 147 (164) du code pénal.

D'avoir, le....., à....., frauduleusement apposé ou fait apposer sur une facture s'élevant à la somme de 33 fr., pour des marchandises vendues à la veuve G..... par le sieur R....., épicier à....., un faux acquit et la fausse signature R.....

Art. 148 du code pénal.

D'avoir, le....., à....., fait usage de cette pièce fausse, sachant qu'elle était fausse, en la remettant à la veuve G..... qui lui avait remis la somme destinée à payer le sieur R.....

Art. 147 (164) du code pénal.

D'avoir, le....., à P....., frauduleusement fabriqué ou fait fabriquer un écrit contenant vente au profit du sieur L..... d'une certaine quantité de marchandises, moyennant un prix stipulé, et d'y avoir apposé la fausse signature Jean R......

Art. 148 du code pénal.

D'avoir, à la même époque et au même lieu, fait usage de cet écrit faux, sachant qu'il était faux, en le remettant au sieur L..... pour constater une vente de marchandises consentie à celui-ci.

Art. 147 (164) du code pénal.

D'avoir, dans le cours de l'année 186....., à P....., frauduleusement fabriqué ou fait fabriquer un billet à ordre de la somme de 1,000 fr., causé valeur reçue en marchandises, daté de....., le....., payable le..... suivant, paraissant souscrit au profit d'un sieur B....., épicier, et portant la fausse signature G.....

Art. 147 (164) du code pénal.

D'avoir, à la même époque et au même lieu, au dos du billet ci-dessus spécifié, frauduleusement fabriqué ou fait fabriquer un faux endossement daté à....., le....., portant la fausse signature B....., épicier, par lequel'endos ledit billet paraissait passé à l'ordre d'un sieur A.....

***

Art. 147 (164) du code pénal.

D'avoir, à la même époque et au même lieu, au dos du même billet, frauduleusement fabriqué ou fait fabriquer un faux endossement daté à....., le....., portant la fausse signature A....., par lequel endos ledit billet paraissait passé à l'ordre de Jean R..... pour valeur en compte.

***

Art. 148 du code pénal.

D'avoir, dans le cours du mois de....., à P....., fait usage de ce billet faux et des faux endossements écrits au dos de ce billet, sachant qu'ils étaient faux, en remettant cette pièce à L..... en échange de marchandises à lui vendues et livrées par celui-ci.

***

Art. 147 (164) du code pénal.

D'avoir, le....., à....., frauduleusement fabriqué ou fait fabriquer une facture revêtue d'une quittance opérant décharge, à lui délivrée par le sieur V....., négociant à....., par addition ou altération après coup des clauses, déclarations ou faits qu'avait pour objet de recevoir et de certifier cette facture acquittée, constatant entre les sus-nommés une opération commerciale, soit à raison de leur qualité réciproque de commerçants, soit à raison de cette circonstance que les marchandises achetées par P..... étaient destinées à être revendues en nature ou fabriquées.

ᴧᴧ

Art. 148 du code pénal.

D'avoir, le....., à....., fait usage de cette pièce fausse, sachant qu'elle était fausse, en l'opposant au sieur V..... comme preuve de sa libération.

ᴧᴧ

Art. 147 (164) du code pénal.

D'avoir, le....., à....., sur un billet de la somme de....., souscrit à....., le....., par un sieur D....., commerçant, au profit de B....., à l'échéance du....., passé à l'ordre de....., puis de....., puis de la veuve R....., frauduleusement apposé ou fait apposer pour endossement, au profit de C....., la fausse signature Vᵉ R....., laquelle signature était présentée comme étant celle de la veuve R....., sa mère, marchande à.....

ᴧᴧ

Art. 148 du code pénal.

D'avoir, le....., à....., fait usage du billet ci-dessus spécifié, sachant qu'il portait un endossement faux, en le transmettant, au moyen de ce faux endossement, au sieur C....., négociant à.....

ᴧᴧ

Art. 147 (164) du code pénal.

D'avoir, à P....., le....., frauduleusement fabriqué ou fait fabriquer un billet par lequel un sieur C....., négociant, paraissait s'obliger à payer le....., à l'ordre d'une personne dont le nom est resté en blanc, au domicile de....., la somme de 200 francs, valeur reçue comptant, et d'avoir frauduleusement apposé ou fait apposer au bas de ce billet la fausse signature C.....

Art. 148 du code pénal.

D'avoir, au même lieu et à la même époque, fait usage de ce billet faux, sachant qu'il était faux, en le négociant au sieur M....., qui lui en a compté la valeur.

Art. 147 (164) du code pénal.

D'avoir, à P....., le....., frauduleusement fabriqué ou fait fabriquer un billet par lequel un sieur C....., négociant, paraissait s'obliger à payer le....., à l'ordre de M. G....., au domicile de M....., la somme de....., et d'avoir frauduleusement apposé ou fait apposer au bas de ce billet la fausse signature C.....

D'avoir, à la même époque et au même lieu, frauduleusement fabriqué ou fait fabriquer au dos du billet spécifié au n° 3 un faux endossement portant la fausse signature de C....., négociant, prétendu bénéficiaire du billet, par lequel endossement ledit billet paraissait transmis à M.....

Art. 148 du code pénal.

D'avoir, le....., à P....., fait usage de ce billet faux et de ce faux endossement, sachant qu'ils étaient faux, en les négociant au sieur R....., qui lui en a compté le montant.

Art. 147 (164) du code pénal.

D'avoir, depuis moins de 10 ans, en la commune de....., frauduleusement fabriqué ou fait fabriquer un billet par lequel le sieur V....., négociant, s'engageait à payer à lui ou à son ordre la somme de 500 francs, valeur reçue en marchandises, et d'avoir frauduleusement apposé ou fait apposer au bas de ce billet les mots : *bon pour* 500 *francs*, et la fausse signature A. M.....

Art. 148 du code pénal.

D'avoir, à la même époque, fait usage de ce billet faux, sachant qu'il était faux, en le remettant au sieur S....., huissier à....., mandataire de J....., négociant à....., en payement de sommes qu'il devait à ce dernier.

Art. 147 (164) du code pénal.

D'avoir, le....., à....., sur une lettre de change datée de....., le....., tirée par lui, B....., sur la maison Henri M..... et Compagnie, pour la somme de 2,000 francs, valeur reçue en marchandises, payable à....., le.....,

frauduleusement fabriqué ou fait fabriquer une mention d'acceptation avec la fausse signature Henri M.....
et Compagnie.

Art. 148 du code pénal.

D'avoir, à la même époque et au même lieu, fait
usage de cette pièce fausse, sachant qu'elle était
fausse, en la passant d'abord, le....., à l'ordre de la
maison de commerce R..... et Compagnie, et en la
donnant ensuite en payement au sieur B....., l'un de
ses créanciers.

FAUX EN ÉCRITURE DE BANQUE.

Art. 147 (164) du code pénal.

1° D'avoir, à P....., le....., sur le bordereau de situation signé par lui, qu'il était chargé de dresser et de
certifier chaque jour, en sa qualité de caissier de la
succursale de la Banque de France, pour constater
l'encaisse de ladite succursale, frauduleusement inséré
la fausse déclaration que l'encaisse était, ledit jour, de
onze millions quatre cent quarante-trois mille cinq
cent cinquante-six francs quatre-vingt-quatre centimes, tandis qu'il était en réalité inférieur à ce chiffre
de toutes les sommes par lui soustraites ou détournées,
et d'avoir ainsi frauduleusement altéré les déclarations
et les faits que ce bordereau de situation avait pour
objet de recevoir et de constater.

Art. 148 du code pénal.

2° D'avoir, le même jour et au même lieu, fait usage de cette pièce fausse, sachant qu'elle était fausse, en la remettant au directeur de la succursale de la Banque de France de P....., pour établir la situation de la caisse de cet établissement au 12 mars 1866.

Art. 147 (164) du code pénal.

3° D'avoir, à P....., depuis moins de dix ans et antérieurement au 12 mars 1866, dans divers bordereaux de situation signés par lui, qu'il était chargé de dresser et de certifier chaque jour, en sa qualité de caissier de la succursale de la Banque de France, pour constater l'encaisse de ladite succursale, frauduleusement inséré la fausse déclaration que l'encaisse s'élevait à une somme supérieure à celle qui existait en réalité, laquelle était inférieure au chiffre indiqué de toutes les sommes par lui soustraites ou détournées, et d'avoir ainsi frauduleusement altéré les déclarations et les faits que ces bordereaux de situation avaient pour objet de recevoir et de constater.

Art. 148 du code pénal.

4° D'avoir, aux mêmes époques et au même lieu, fait usage de ces pièces fausses, sachant qu'elles étaient fausses, en les remettant au directeur de la succursale de la Banque de France de P....., pour établir la situation de la caisse de cet établissement aux jours indiqués.

FAUX EN ÉCRITURE DE BANQUE OU DE COMMERCE.

Art. 147 (164) du code pénal.

1° D'avoir, à P....., le....., sur le livre-journal auxiliaire faisant partie des livres de commerce de B....., alors banquier en état de faillite, frauduleusement écrit ou fait écrire un article contraire à la vérité, en ce qu'il porte faussement que le sieur R..... a, sous la date du....., suivant convention avec B....., crédité son compte de la somme de 9,225 francs 10 centimes, par un versement ou encaissement de pareille somme, pour constater sa prétendue libération de cette somme envers B....., son créancier.

Art. 147 (164) du code pénal.

2° D'avoir, au même lieu, le même jour, frauduleusement reproduit ou fait reproduire, sur l'un des livres de commerce ou de banque de la maison B....., dit petit grand-livre ou livre des comptes divers ou d'encaissement, les fausses écritures libératoires décrites dans la première incrimination ci-dessus.

Art. 147 (164) du code pénal.

3° D'avoir, au même lieu et au même jour, frauduleusement reproduit ou fait reproduire, sur l'un des livres de commerce ou de banque de la maison B....., dit grand-livre des comptes généraux , les fausses écritures libératoires décrites dans la première incrimination ci-dessus.

Art. 147 (164) du code pénal.

4° D'avoir, à P....., le....., sur le livre-journal auxiliaire faisant partie des livres de commerce de B....., alors banquier en état de faillite, frauduleusement écrit ou fait écrire un article contraire à la vérité, en ce qu'il porte faussement que ledit A..... a, sous la date du....., suivant convention avec B....., crédité son compte personnel de la somme de 4,280 francs 66 centimes, par un versement ou encaissement de pareille somme, pour constater sa prétendue libération de cette somme envers B....., son créancier.

Art. 147 (164) du code pénal.

5° D'avoir, au même lieu, le....., frauduleusement reproduit ou fait reproduire, sur l'un des livres de commerce ou de banque de la maison B....., dit petit grand-livre ou livre des comptes divers ou d'encaissement, les fausses écritures libératoires décrites dans la quatrième incrimination ci-dessus.

Art. 147 (164) du code pénal.

6° D'avoir, au même lieu, le....., frauduleusement reproduit ou fait reproduire, sur l'un des livres de commerce ou de banque de la maison B....., dit grand-livre des comptes généraux, les fausses signatures libératoires décrites dans la quatrième incrimination ci-dessus.

Faux en écriture privée

et

Usage de pièces fausses.

—

Art. 150, 147 (164) du code pénal.

1° D'avoir, le....., à P....., frauduleusement fabriqué ou fait fabriquer un billet à ordre de la somme de 500 francs, daté de....., le....., payable le....., paraissant souscrit au profit du sieur R..... par un sieur F....., propriétaire à....., et portant la fausse signature F.....

Art. 151 du code pénal.

2° D'avoir, le même jour et au même lieu, fait usage de ce billet faux, sachant qu'il était faux, en le présentant à la maison de banque A....., pour le faire escompter.

Art. 150, 147 (164) du code pénal.

D'avoir, le....., à P....., frauduleusement contrefait et apposé la signature Pierre R....., précédée des mots : *bon pour mille francs*, au pied d'une obligation préparée à l'avance, et par laquelle ledit Pierre R..... paraissait s'engager à cautionner solidairement un emprunt de 1,000 francs contracté antérieurement par le sieur V.....

Art. 150, 147 (164) du code pénal.

1° D'avoir, le....., à P....., frauduleusement fabriqué ou fait fabriquer un écrit par lequel le sieur B..... paraissait prier le sieur M..... de donner à son garçon la somme de 300 francs et s'obligeait à en tenir compte audit M....., et d'avoir apposé ou fait apposer au pied de cet écrit la fausse signature B.....

Art. 151 du code pénal.

2° D'avoir, le même jour et au même lieu, fait usage de la pièce fausse ci-dessus spécifiée , sachant qu'elle était fausse, en la remettant au sieur M....., qui lui a compté la somme indiquée dans ledit écrit.

Art. 150, 147 (164) du code pénal.

1° D'avoir, dans le cours de l'année 186....., à P....., frauduleusement fabriqué ou fait fabriquer un billet à ordre de la somme de 500 francs, payable au chef-lieu de la commune de....., paraissant souscrit à son profit par un nommé R....., et portant la fausse signature R.....

Art. 151 du code pénal.

2° D'avoir, le....., à P....., fait usage de ce billet faux, sachant qu'il était faux, en le négociant ou le faisant négocier à M. H....., banquier à.....

Art. 150, 147 (164) du code pénal.

1° D'avoir, le....., à P....., en prenant les noms et qualité de Jean B....., jeune homme ayant concouru au tirage de la classe de 186....., frauduleusement fabriqué ou fait fabriquer un traité sous seing privé par lequel il paraissait s'engager envers le sieur R....., agent de remplacements militaires, moyennant une somme de 2,500 francs et diverses fournitures, à remplacer pour son compte le jeune conscrit qui lui serait désigné, et d'avoir apposé au pied dudit traité la fausse signature Jean B.....

Art. 151 du code pénal.

2° D'avoir, le même jour et au même lieu, fait usage de ce faux traité, sachant qu'il était faux, en se faisant remettre par le sieur R..... diverses sommes d'argent ou fournitures, en exécution dudit traité.

Art. 150, 147 (164) du code pénal.

1° D'avoir, le....., à P....., frauduleusement fabriqué ou fait fabriquer un acte sous seing privé par lequel Pierre R....., acquéreur des immeubles du sieur B.....,

paraissait reconnaître à son profit une clause de ré-
méré et lui en garantir la restitution, et d'avoir frauduleusement apposé ou fait apposer au pied dudit acte
la date du..... et la fausse signature Pierre R.....

Art. 151 du code pénal.

2° D'avoir, le....., à P....., fait usage de cet acte faux,
sachant qu'il était faux, en le produisant devant le tribunal civil, au cours d'une instance judiciaire.

Art. 150, 147 (164) du code pénal.

1° D'avoir, le....., à P....., frauduleusement fabriqué
ou fait fabriquer un billet par lequel le sieur R.....
paraissait s'obliger à payer à lui ou à son ordre, le.....,
une somme de 400 francs, et d'avoir apposé ou fait
apposer au pied dudit billet la fausse signature R.....

Art. 151 du code pénal.

2° D'avoir, le....., à P....., fait usage de ce billet
faux, sachant qu'il était faux, en le négociant au sieur
V....., banquier, qui lui en a remis la valeur.

Art. 150, 147 (164) du code pénal.

1° D'avoir, le....., à P....., étant porteur d'un billet
à ordre de la somme de mille francs, souscrit à son
profit à....., le.....; et payable à trois ans, à dater
dudit jour, frauduleusement altéré les écritures dudit

billet en intercalant la particule *de* entre les mots *somme* et *de*, et en ajoutant les lettres *u* et *x* à la particule *de* primitive, de manière à transformer un billet de mille francs en un billet de deux mille francs.

⁓

Art. 151 du code pénal.

2° D'avoir, le......, à P....., fait usage de ce billet faux, sachant qu'il était faux, en le transmettant par voie de cession au sieur A.....

⁓

Art. 150, 147 (164) du code pénal.

1° D'avoir, le....., à P....., frauduleusement fabriqué ou fait fabriquer *un bon pour* 100 *francs* portant la fausse signature Jean R..... sur une feuille au timbre de 5 centimes, qui, sur ses indications mensongères, a été plus tard transformé en un billet à ordre à son profit, causé valeur reçue en marchandises et payable le....., au domicile de M. A....., banquier à.....

⁓

Art. 151, 2, du code pénal.

2° D'avoir, le....., à P....., tenté de faire usage de ce bon et de cette signature, sachant qu'ils étaient faux, en le présentant au sieur V..... dans le but d'en obtenir la négociation;

Laquelle tentative, manifestée par un commencement d'exécution, n'a été suspendue et n'a manqué son effet que par des circonstances indépendantes de la volonté de son auteur.

⁓

Art. 150, 147.(164) du code pénal.

D'avoir, depuis moins de 10 ans, dans l'arrondissement de....., frauduleusement fabriqué ou fait fabriquer un écrit par lequel un nommé S....., demeurant à Ch....., paraissait demander au sieur L....., épicier à S....., 5 kilos de clous, et d'y avoir frauduleusement apposé ou fait apposer la fausse signature S.....

Art. 151 du code pénal.

D'avoir, à la même époque, à P....., fait usage de cet écrit faux, sachant qu'il était faux, en le présentant au sieur L....., qui lui a remis les marchandises demandées.

Art. 150, 147 (164) du code pénal.

D'avoir, le....., à P....., frauduleusement fabriqué ou fait fabriquer un écrit par lequel un sieur M..... priait le sieur O..... de remettre au porteur une certaine quantité de cuirs, et d'y avoir frauduleusement apposé ou fait apposer la fausse signature M.....

Art. 151 du code pénal.

D'avoir, à la même époque et au même lieu, fait usage de ce faux écrit, sachant qu'il était faux, en le présentant au sieur O....., qui lui a remis les marchandises demandées.

Art. 150, 147 (164) du code pénal.

D'avoir, au mois de....., à P....., frauduleuse-ment fabriqué ou fait fabriquer une lettre datée de..... le....., par laquelle un sieur B..... s'accusait de plusieurs crimes d'incendie commis dans la com-mune de....., et de faux, au préjudice d'un sieur M....., et d'y avoir apposé frauduleusement ou fait apposer la fausse signature B.....

Art. 151 du code pénal.

D'avoir, à la même époque, à P....., fait usage de cette fausse lettre, sachant qu'elle était fausse, en l'adressant à M. le maire de la commune de.....

Art. 150, 147 (164) du code pénal.

D'avoir, dans le cours du mois de,....., à....., fraudu-leusement apposé ou fait apposer la fausse signature Clément sur une lettre d'expédition datée du....., à..,..,, par laquelle un sieur Clément paraissait adresser de....., à un sieur T....., à....., une certaine quantité de marchandises remises à la Compagnie du chemin de fer d'Orléans.

Art. 151 du code pénal.

D'avoir, le....., dans l'arrondissement de....., fait usage de la fausse signature Clément, sachant qu'elle était fausse, en remettant la lettre aux agents de la Compagnie.

~~~

Art. 150, 147 (164) du code pénal.

D'avoir, le....., à...... frauduleusement apposé ou fait apposer la fausse signature Gervais sur une déclaration d'expédition datée du....., par laquelle un sieur Gervais, agissant au nom d'un sieur D....., paraissait envoyer à ce dernier un cheval à Bordeaux.

~~~

Art. 151 du code pénal.

D'avoir, le......, à....., fait usage de cette fausse signature, sachant qu'elle était fausse, en faisant remettre la lettre d'expédition qui la contient aux agents de la Compagnie chargés du transport.

~~~

Art. 150, 147 (164) du code pénal.

D'avoir, au mois de....., à Bordeaux, frauduleusement apposé ou fait apposer la fausse signature T..... sur le récépissé [constatant la remise au destinataire des marchandises expédiées de....., le....., au nom d'un sieur Clément.

~~~

Art. 151 du code pénal.

D'avoir, à la même époque et au même lieu, fait usage de cette signature fausse, sachant qu'elle était fausse, en remettant le récépissé à titre de décharge à la Compagnie d'Orléans.

~~~

Art. 150, 147 (164) du code pénal.

D'avoir, depuis le 4 septembre 18....., en l'arrondissement de......, frauduleusement altéré ou fait altérer une quittance de 100 fr. qui lui avait été remise, à cette date, par un sieur P....., de façon à dénaturer les déclarations ou les faits que cet acte avait pour but de recevoir ou de constater.

Art. 151 du code pénal.

D'avoir, le....., à P....., fait usage de cette pièce fausse, sachant qu'elle était fausse, en la produisant devant la justice de paix de C.....

Art. 150, 147 (164) du code pénal.

D'avoir, le....., à....., frauduleusement fabriqué ou fait fabriquer une quittance datée du....., opérant décharge à son profit d'une somme de......, qu'il devait au sieur François R....., aubergiste à....., et d'avoir frauduleusement apposé ou fait apposer au bas de cette quittance la fausse signature dudit François R.....

Art. 151 du code pénal.

D'avoir, le....., à....., fait usage de cette quittance fausse, sachant qu'elle était fausse, en la produisant devant M. le juge de paix du canton de....., au cours d'une instance judiciaire, pour prouver sa libération.

Art. 150, 147 (164) du code pénal.

D'avoir, le....., à....., frauduleusement fabriqué ou
fait fabriquer un certificat par lequel un sieur V.....
attestait que R..... avait servi chez lui comme domestique pendant 14 mois, et d'avoir apposé ou fait apposer au bas dudit certificat la fausse signature V.....,
sachant que cette pièce devait servir audit R..... pour
se faire délivrer le certificat de résidence prescrit par
l'art. 20 de la loi du 21 mars 1832 à ceux qui se pré-
sentent comme remplaçants militaires.

Art. 151 du code pénal.

D'avoir, le....., à....., fait usage de ce faux certificat,
sachant qu'il était faux, en le présentant au maire de
cette commune pour obtenir, à l'aide de cette pièce
fausse, le certificat de résidence nécessaire audit
R..... pour se faire admettre comme remplaçant.

Art. 150, 147 (164) du code pénal.

D'avoir, le....., à....., frauduleusement fabriqué ou
fait fabriquer, au nom du sieur R....., son créancier,
un écrit par lequel ledit R..... annonçait à l'huissier
F....., chargé de le poursuivre en payement d'une
somme de....., qu'ils avaient réglé leur compte, que
T..... avait fini de payer, que ledit R..... le tenait
quitte et priait cet huissier de remettre au débiteur le
sous seing (titre de la créance), et d'avoir frauduleu-

sement apposé ou fait apposer au bas de cet écrit la fausse signature R.....

~~

- Art. 151 du code pénal.

D'avoir, le....., à....., fait usage de cette pièce fausse, sachant qu'elle était fausse, en la donnant à l'huissier F..... pour que celui-ci ne fît pas de poursuite et lui remît le sous seing dont il y était fait mention.

~~

Art. 150, 147 (164) du code pénal.

D'avoir, le....., à....., frauduleusement fabriqué ou fait fabriquer un écrit daté de....., le....., enregistré à....., le....., contenant donation pour cause de mort en faveur de....., et portant la fausse signature F.....

~~

Art. 151 du code pénal.

D'avoir, le....., à....., fait usage de cette pièce, sachant qu'elle était fausse, en la produisant ou la faisant produire dans une instance judiciaire intentée devant le tribunal civil de.....

~~

Art. 150, 147 (164) du code pénal.

D'avoir, le....., à....., altéré frauduleusement et après coup un billet à ordre de 500 fr., causé valeur reçue comptant, souscrit par lui, daté de....., le 18 décembre 1849, payable aux époux A....., demeurant

9

à....., ou à leur ordre, en ajoutant à la suite des mots :
bon pour cinq cents francs, les mots : *pour ma maison*, clause destinée à faire imputer ce billet sur le
montant d'un prix de vente consentie ledit jour ,
18 décembre 1849.

Art. 151 du code pénal.

D'avoir, le....., à....., frauduleusement fait usage
de ce billet ainsi altéré, sachant qu'il était faux, en
l'opposant, devant le tribunal civil, à la demande des
époux A....., comme quittance du payement d'une
somme de 500 fr. qu'il prétend leur avoir fait à-compte
de la somme portée dans l'acte de vente du 18 décembre 1849.

Art. 150, 147 (164) du code pénal.

D'avoir, depuis moins de 10 ans, en la commune
de....., frauduleusement altéré l'écriture d'une quittance de la somme de 500 fr., en date du....., souscrite au profit des héritiers d'un sieur Henri-Pierre,
alors décédé, par Louis B....., créancier de ce dernier,
en effaçant de cette quittance et couvrant d'encre les
mots ; « *les héritiers ont,* » afin de ne laisser subsister
que le mot *Henri,* et de faire résulter de cette quittance, ainsi altérée, la preuve que lui seul, Henri-Pierre, aurait payé de ses deniers personnels la totalité
de cette somme de 500 fr., à la charge de ses cohéritiers qui en étaient tenus avec lui.

Art. 151 du code pénal.

D'avoir, le....., à....., fait usage de cette quittance ainsi altérée, sachant qu'elle était falsifiée, en la produisant dans un procès civil entre lui et le sieur Ch....., son beau-frère et son cohéritier, afin de l'opposer à ce dernier comme justifiant envers lui d'un payement par compensation.

Art. 150, 147 (164) du code pénal.

D'avoir, le....., à....., au dos d'un billet à ordre de 300 fr., souscrit par le sieur C..... au profit du sieur H....., et portant l'endossement dudit H....., frauduleusement apposé ou fait apposer la fausse signature Joseph T....., propriétaire, au bas d'un adossement par lequel ce dernier paraissait passer ce billet à l'ordre du sieur L.....

Art. 151 du code pénal.

D'avoir, le....., à....., fait usage de ce billet faux, sachant qu'il était faux, en le négociant au sieur L....., qui lui a tenu compte de sa valeur.

Art. 150, 147 (164) du code pénal.

D'avoir, depuis moins de 10 ans, alors qu'il était cantonnier et recevait, à ce titre, de l'administration, mission de faire exécuter les travaux de la prestation en nature, frauduleusement apposé ou fait apposer sur une liste de prestataires un émargement ou dé-

claration portant décharge au profit du sieur M......,
quand ce prestataire, sur ses instructions, pendant
une partie du temps qu'il constatait faussement avoir
été donné à la prestation, avait labouré une vigne
appartenant à lui S.....

***

Art. 151 du code pénal.

D'avoir, le....., dans la commune de....., fait usage
de cet émargement faux, sachant qu'il était faux, en
le remettant à l'administration, pour lui faire croire
que M..... avait fait sa prestation.

***

Art. 150, 147 (164) du code pénal.

D'avoir, le....., à....., frauduleusement fabriqué ou
fait fabriquer une lettre paraissant écrite par la nommée Marie B..... à un sieur B....., pour lui dire
qu'elle l'aimait beaucoup, et lui indiquer le moyen
de la voir, et d'avoir frauduleusement apposé ou fait
apposer au bas de cette lettre la fausse signature Marie B.....

***

Art. 151 du code pénal.

D'avoir, à la même époque et au même lieu, fait
usage de cette lettre fausse, sachant qu'elle était fausse,
en la mettant à la poste au bureau de....., après y
avoir apposé un timbre d'affranchissement ayant déjà
servi.

***

Art. 150, 147 (164) du code pénal.

D'avoir, le....., à....., frauduleusement fabriqué ou fait fabriquer un mémoire ou arrêté de compte par lequel le nommé B....., cultivateur à....., se reconnaissait son débiteur d'une somme de 40 fr., et d'avoir frauduleusement apposé ou fait apposer au bas dudit mémoire la fausse signature B.....

Art. 151 du code pénal.

D'avoir, le....., à....., fait usage de cette pièce fausse, sachant qu'elle était fausse, en la présentant à M. le juge de paix de....., pour en réclamer le payement.

Art. 150, 147 (164) du code pénal.

D'avoir, le....., à....., frauduleusement falsifié ou fait falsifier un arrêté de compte signé par le sieur B....., par addition, altération des clauses, déclarations ou faits que cet acte avait pour objet de recevoir ou de constater.

Art. 150, 147 (164) du code pénal.

D'avoir, dans l'arrondissement de......, depuis le mois de....., à l'occasion d'un procès où il devait prouver l'existence en sa faveur, comme représentant d'un sieur V....., de droits de vue, de passage et de puisage sur le jardin et au puits de la veuve C....., représentant le sieur R....., frauduleusement fabriqué ou fait fabriquer une quittance signée M....., pour S....., par laquelle un ouvrier paraissait avoir reçu de Mme V..... et de R..... leur part contributive dans les réparations du puits commun de leur jardin.

~~

Art. 151 du code pénal.

D'avoir, le....., à....., fait usage de la quittance ci-dessus qualifiée, sachant qu'elle était fausse, en la produisant devant le tribunal civil, dans une instance judiciaire, comme élément de preuve en sa faveur.

~~

Art. 150, 147 (164) du code pénal.

D'avoir, le....., à...., frauduleusement fabriqué ou fait fabriquer une lettre datée du....., portant la fausse signature J....., et par laquelle ce dernier paraissait s'engager à payer au sieur S....., aubergiste à....., jusqu'à concurrence d'une certaine somme, les aliments que l'accusé D....., son domestique, pourrait prendre dans l'auberge du sieur S.....

~~

Art. 151 du code pénal.

D'avoir, le....., à....., fait usage de cette lettre fausse, sachant qu'elle était fausse, en la présentant au destinataire et en se faisant donner à crédit, pendant plusieurs jours, des aliments dont le payement semblait garanti par la lettre attribuée à S.....

~~

Art. 150, 147 (164) du code pénal.

D'avoir, le....., à....., frauduleusement fabriqué ou fait fabriquer une quittance portant décharge à son profit du prix du transport de son mobilier, en date du....., et frauduleusement apposé ou fait apposer au bas de ladite quittance la fausse signature B.....

Art. 151 du code pénal.

D'avoir, à....., à l'audience du....., fait usage de cette quittance fausse, sachant qu'elle était fausse, en la présentant au juge de paix pour prouver sa libération au sujet du prix du transport de son mobilier, qui lui était réclamé.

Art. 150, 147 (164) du code pénal.

D'avoir, le....., à....., frauduleusement fabriqué ou fait fabriquer un acte sous seing privé, daté à....., du....., par lequel le sieur C....., son père, paraissait consentir à lui, accusé, et à sa femme, la rétrocession de divers immeubles situés en la commune de....., qu'ils avaient précédemment vendus audit C....., et d'avoir, au bas de cet acte, frauduleusement apposé ou fait apposer la fausse signature du sieur C.....

Art. 151 du code pénal.

D'avoir fait usage dudit acte faux, sachant qu'il était faux, soit en le faisant enregistrer à....., le....., soit

en le faisant transcrire, le lendemain, sur les registres de la conservation des hypothèques de la même
ville.

~~~

Art. 151 du code pénal.

D'avoir, en l'étude de....., notaire à....., le....., fait
usage du même acte faux, sachant qu'il était faux, en
le présentant comme vrai et comme prouvant sa propriété sur des immeubles qu'il prétendait pouvoir uti-
lement hypothéquer, et qu'il a réellement hypothéqués
au profit du sieur P.....

~~~

Art. 150, 147 (164) du code pénal.

D'avoir, depuis moins de dix ans, frauduleusement
fabriqué ou fait fabriquer un acte daté de....., le.....,
par lequel le sieur M..... paraissait consentir à ce que
l'assurance des valeurs mobilières et immobilières
faisant l'objet de ses polices à *la Bretagne* fût trans-
férée à la Caisse générale des Assurances agricoles pour
une période de cinq ans, à partir du 1er janvier 1862,
moyennant une prime fixe annuelle de 3 fr. 20 c., et
frauduleusement apposé ou fait apposer au bas dudit
acte la fausse signature M.....

~~~

Art. 151 du code pénal.

D'avoir, dans le courant de l'année....., à....., fait
usage de l'acte faux ci-dessus spécifié, sachant qu'il
était faux, en le remettant au directeur de la compa-

gnie d'assurances *la Bretagne*, qui lui a payé pour cet acte un droit de commission.

~~~

Art. 150, 147 (164) du code pénal.

D'avoir, le....., à....., au bas d'un billet par lui souscrit au profit d'un sieur D....., et s'élevant à 300 francs, frauduleusement apposé ou fait apposer, comme constituant la garantie du sieur R....., les mots : *bon pour* 300 *francs pour aval* et la signature R.....

~~~

Art. 151 du code pénal.

D'avoir, le....., à....., fait usage du billet portant le faux aval ci-dessus spécifié, sachant qu'il était falsifié, en le remettant au sieur D..... en payement de ce qu'il lui devait.

~~~

Art. 150, 147 (164) du code pénal.

D'avoir, le....., à....., frauduleusement fabriqué ou fait fabriquer sur un billet dont le corps est resté en blanc, les mots : *bon pour* 400 *francs*, avec la fausse signature *Louis V.....*, et au dos du même billet, ces mots : *bon pour caution*, avec la signature *Jean R.....*

~~~

Art. 150, 147 (164) du code pénal.

D'avoir, dans l'arrondissement de....., le....., frauduleusement fabriqué ou fait fabriquer un acte

d'adhésion à *la Provinciale* , société mutuelle d'assurances contre l'incendie n°....., par lequel acte un
sieur M..... paraissait assurer des immeubles à ladite
société, et apposé ou fait apposer au bas dudit acte la
fausse signature M.....

Art. 151 du code pénal.

D'avoir , vers la même époque , fait usage de cet
acte d'adhésion, sachant qu'il était faux, en l'adressant
à la direction générale de *la Provinciale*, à Paris.

Art. 150, 147 (164) du code pénal.

D'avoir, le....., à....., frauduleusement fabriqué ou
fait fabriquer plusieurs bons de pain portant la fausse
signature Jean R.....

Art. 151 du code pénal.

D'avoir, le....., à....., fait usage de ces faux bons,
sachant qu'ils étaient faux, en les donnant à un boulanger pour en obtenir du pain.

Art. 150, 147 (164) du code pénal.

D'avoir, le....., à....., frauduleusement fabriqué ou
fait fabriquer un billet à ordre de la somme de 140 fr.,
causé valeur reçue en marchandises , daté de.....,
le....., payable le..... suivant , paraissant souscrit à
son profit par une femme G....., faisant les affaires

de son mari, et d'avoir frauduleusement apposé ou fait apposer au bas dudit billet la fausse signature: femme G....., précédée de ces mots : « *bon pour 140 francs*, par procuration de mon mari. »

Art. 151 du code pénal.

D'avoir, le....., à....., fait usage de ce billet faux, sachant qu'il était faux, en le négociant au sieur V...., qui lui en a compté la valeur.

Art. 150, 147 (164) du code pénal.

D'avoir, le....., à....., au-dessus des signatures des époux C....., apposées à la suite d'écritures constatant la vente d'une petite pièce de terre, écritures qui ont été supprimées, frauduleusement fabriqué ou fait fabriquer un acte de vente sous seing privé, par lequel les époux C..... paraissaient lui vendre la totalité des biens immeubles par eux possédés en la commune de....., pour le prix de 12,000 francs, et reconnaître avoir reçu d'eux 1,000 francs sur ce prix.

Art. 151 du code pénal.

D'avoir, le....., à....., fait usage de cette pièce fausse, sachant qu'elle était fausse, en la remettant à un huissier pour en obtenir l'exécution et l'employant chez un notaire pour faire rédiger un acte de non-comparution contre les époux C.....

Art. 150, 147 (164) du code pénal.

D'avoir, le....., à....., frauduleusement fait apposer les mots *bon pour* 500 *francs*, et au-dessous la signature V....., au bas d'un papier de commerce sur timbre, qu'il a pu par ce moyen transformer plus tard en un billet à ordre de 500 francs, daté d...., au profit d'un sieur P....., causé valeur reçue en marchandises et payable le....., au domicile de.....

—

D'avoir, le....., à....., frauduleusement fait apposer au dos de cette pièce la fausse signature P..... pour valoir comme endos en blanc.

Art. 151 du code pénal.

D'avoir, le....., à....., fait usage de ladite pièce fausse, sachant qu'elle était fausse, en la négociant au sieur....., qui lui en a compté la valeur.

Art. 150, 147 (164) du code pénal.

D'avoir, le....., à....., en dirigeant la main et la plume du sieur Jean T....., qui ne sait ni lire ni écrire, et qui croyait ne donner que son nom pour servir de signature à une lettre destinée au directeur de l'*Egide des provinces*, frauduleusement fabriqué ou fait fabriquer à l'insu dudit T....., en outre de sa signature, un bon de la somme de 87 francs, faux engagement au-dessus duquel il a ensuite écrit ou fait écrire un faux billet à ordre du montant de ladite somme.

⁕

Art. 151 du code pénal.

D'avoir, le....., à....., fait usage de cette pièce fausse, sachant qu'elle était fausse : 1° en la faisant présenter audit T....., pour en obtenir le payement de la somme y énoncée ; 2° en faisant protester, faute de payement, ledit billet à ordre.

⁕

Art. 150, 147 (164) du code pénal.

D'avoir, le....., à....., frauduleusement altéré ou fait altérer un billet à ordre de 60 francs, souscrit le....., par un sieur M....., au profit du sieur D....., et passé par celui-ci à son ordre le....., en ajoutant ou faisant ajouter dans le corps de ce billet le mot *cent* devant celui de soixante, ce qui en élevait la valeur à 160 francs.

⁕

Art. 151, 2, du code pénal.

D'avoir, dans le courant du mois de....., en la commune de....., tenté de faire usage de cette pièce ainsi falsifiée, en la présentant, sachant qu'elle était falsifiée, au nommé D....., pour obtenir sa garantie jusqu'au solde de 160 francs, qui paraissait être le montant dudit billet ;

Laquelle tentative, manifestée par un commencement d'exécution, n'a été suspendue et n'a manqué son effet que par des circonstances indépendantes de la volonté de son auteur.

***

Art. 150, 147 (164) du code pénal.

D'avoir, le....., à....., étant porteur d'une quittance à lui délivrée à la date du 14 août 1853, par M. L....., dont il était le colon partiaire, pour payement de la part du propriétaire dans le prix de vente, d'un lot de moutons, frauduleusement altéré ou fait altérer ladite quittance, en substituant à la fin du millésime 1853 le chiffre 4 au chiffre 3, de manière à transformer la date du 14 août 1853 en celle du 14 août 1854.

***

Art. 151 du code pénal.

D'avoir, à....., postérieurement au 14 août 1854, fait usage de cette quittance fausse, sachant qu'elle était fausse, en la produisant dans un compte à régler entre lui et M. L......

***

Art. 150, 147 (164) du code pénal.

D'avoir, le....., à....., frauduleusement fabriqué ou fait fabriquer un arrêté de compte par lequel le sieur P..... paraissait se reconnaître son débiteur de la somme de 76 francs et s'obliger à la payer, et d'avoir apposé ou fait apposer au pied dudit compte la fausse signature P.....

***

Art. 151 du code pénal.

D'avoir, à....., le....., fait usage de cette pièce fausse, sachant qu'elle était fausse, en la produisant à l'audience de la justice de paix de....., pour obtenir le payement de 76 francs.

Art. 150, 147 (164) du code pénal.

D'avoir, le....., à....., frauduleusement fabriqué ou fait fabriquer une quittance datée à....., le....., et portant la fausse signature d'un sieur A....., qui paraissait donner décharge à lui D..... d'une somme de 42 francs qu'il avait reçue à son acquit d'un sieur N..... pour solde d'effets fournis.

Art. 151 du code pénal.

D'avoir, le....., à....., sachant qu'elle était fausse, fait usage de cette quittance en présentant la fausse signature A..... à la légalisation de M. le maire de....., et en présentant ladite quittance au sieur B....., son patron, qui l'avait cautionnée auprès du sieur A....., du montant de ladite somme de 42 francs, à l'effet d'obtenir de lui par ce moyen le payement intégral de ses salaires d'ouvrier.

Art. 150, 147 (164) du code pénal.

D'avoir, le....., à....., étant porteur d'un écrit daté du....., par lequel Mlle A....., mandataire du sieur

C....., son beau-frère, lui donnait quittance au nom de ce dernier d'une somme de 300 francs, montant d'intérêts échus, et par lequel cette demoiselle reconnaissait que les intérêts étaient payés jusqu'au mois de mai 1858, frauduleusement altéré ou fait altérer cette quittance en substituant le mot *neuf* au mot *huit*, de manière à ce que ladite quittance parût établir qu'il avait payé par avance une annuité d'intérêts, ce qui était mensonger.

Art. 151 du code pénal.

D'avoir, le....., en l'étude de Me C....., notaire à....., fait usage de cette quittance ainsi falsifiée, sachant qu'elle était falsifiée, en la produisant dans un règlement de compte, comme établissant sa libération jusqu'au mois de mai 1859.

Art. 150, 147 (164) du code pénal.

D'avoir, le....., à....., frauduleusement fabriqué ou fait fabriquer un écrit daté de....., le....., portant la fausse signature d'un sieur P....., et par lequel celui-ci paraissait s'engager à lui remettre dans le délai de 6 mois la somme de 80 francs, qu'il reconnaissait avoir reçue de lui à titre de prêt.

Art. 151 du code pénal.

D'avoir, le....., à....., fait usage de cet écrit, sachant qu'il était faux, en le remettant au sieur G....., agent d'affaires, pour en poursuivre le recouvrement.

D'avoir, à la même époque et au même lieu, fait usage de cet écrit, sachant qu'il était faux, en en faisant réclamer le payement audit P....., devant M. le juge de paix de ce canton, par l'huissier R....., son mandataire.

Art. 150, 147 (164) du code pénal.

D'avoir, en 186....., à....., frauduleusement fabriqué ou fait fabriquer un écrit daté d....., du....., et portant la fausse signature du sieur P....., et par lequel celui-ci paraissait reconnaître avoir reçu de lui la somme de 263 francs pour solde de tout ce qu'il pouvait lui devoir en vertu d'un jugement du tribunal de P....., du.....

Art. 151 du code pénal.

D'avoir, le....., à....., fait usage de cet écrit, sachant qu'il était faux, en le remettant au sieur R....., notaire, pour faire opérer la radiation de l'inscription prise sur ses biens par suite du jugement précité.

Art. 150, 147 (164) du code pénal.

D'avoir, le....., à....., au dos d'un billet à ordre d'une somme de....., valeur reçue comptant, daté du....., souscrit et signé par lui au profit d'un sieur S....., payable le..... suivant, chez D....., frauduleusement contrefait ou fait contrefaire la signature du sieur S....., au moyen de laquelle celui-ci paraissait

10

avoir endossé en blanc ledit billet et en garantir le payement.

Art. 151 du code pénal.

D'avoir, le....., à....., sachant qu'elle était fausse, fait usage de cette signature en négociant ce billet ainsi endossé au sieur D....., qui lui en a compté la valeur.

Art. 150, 147 (164) du code pénal.

D'avoir, le....., à....., frauduleusement fabriqué ou fait fabriquer à son profit un écrit portant la fausse signature A....., et par lequel ledit A....., notaire à....., paraissait reconnaître, à la date du....., qu'il avait reçu du nommé R..... une somme de 400 francs en dépôt.

'Art. 151 du code pénal.

D'avoir, à V....., le....., fait usage de cet écrit, sachant qu'il était faux, en le présentant à la femme G....., aubergiste, comme garantie d'une certaine somme qu'il lui devait et pour obtenir un délai.

Art. 150, 147 (164) du code pénal.

D'avoir, le....., à....., frauduleusement fabriqué ou fait fabriquer et inséré ou fait insérer après coup, dans une quittance de 40 francs à valoir sur plus forte dette, laquelle quittance avait été consentie à son profit par le sieur P....., le..... les mots : *reçu en plus quatre cents francs*, par lesquels ledit P..... paraissait le libérer et décharger d'autant.

~~

Art. 151 du code pénal.

D'avoir, le....., à....., fait usage de la pièce fausse ci-dessus spécifiée, sachant qu'elle était fausse, en la produisant en justice.

~~

Art. 150, 147 (164) du code pénal.

D'avoir, depuis moins de 'dix ans, en l'arrondissement de....., frauduleusement fabriqué ou fait fabriquer un prétendu testament portant la date du....., paraissant écrit, daté et signé par le sieur B....., qui lui aurait ainsi légué sa propriété de..... et une borderie située à.....

~~

Art. 151 du code pénal.

D'avoir, depuis moins de dix ans, en l'arrondissement de....., fait usage de ce faux testament, sachant qu'il était faux, en demandant en justice la délivrance des legs y énoncés.

~~

Art. 150, 147 (164) du code pénal.

D'avoir, le....., à....., frauduleusement fabriqué ou fait fabriquer une lettre missive à l'adresse de Claude F....., par laquelle le sieur B....., vétérinaire à V....., reconnaissait qu'un bœuf que celui-ci avait vendu à un sieur G....., cultivateur à....., était affecté d'un vice rédhibitoire dit *pommelière*, et l'invitait à venir annuler son marché, s'il voulait éviter des poursuites judiciaires, et d'avoir frauduleusement apposé ou fait apposer au bas de cette lettre la fausse signature dudit B....., vétérinaire.

Art. 151 du code pénal.

D'avoir, le....., à....., fait usage de cette lettre fausse, sachant qu'elle était fausse, en la remettant à Claude F..... pour qu'il s'en servît à l'égard du sieur M.....

Art. 151 du code pénal.

D'avoir, le....., à....., fait usage de cette lettre fausse, sachant qu'elle était fausse, en la faisant porter au sieur M..... pour qu'il vînt prendre arrangement avec lui.

Faux dans une feuille de route.

—

Art. 158, § 3, du code pénal.

D'avoir, le....., en la commune de....., agissant en qualité d'officier public et alors qu'il connaissait le véritable nom du sieur V....., délivré à ce dernier sous un nom supposé une feuille de route ;

Avec cette circonstance que le porteur de ladite

feuille de route a reçu indûment une somme s'élevant à cent francs.

***

Faux témoignage et subornation de témoins.

FAUX TÉMOIGNAGE EN MATIÈRE CRIMINELLE.

Art. 361 du code pénal.

§ 1er.

D'avoir, le....., à P....., à l'audience de la cour d'assises de....., commis un faux témoignage en matière criminelle contre le nommé R..... (*ou* en faveur du nommé R.....), accusé d'assassinat.

§ 2.

Avec cette circonstance que le nommé R....., accusé d'assassinat, a été condamné à une peine plus forte que celle de la reclusion.

~~~

Art. 364, § 1er, 361 du code pénal.

D'avoir, le....., à l'audience de la cour d'assises de....., commis un faux témoignage en matière criminelle contre le nommé R..... (*ou* en faveur du nommé R.....), accusé d'assassinat ;

Et d'avoir, pour faire ladite déposition contraire à·

la vérité, reçu de l'argent, une récompense quelconque ou des promesses.

~~~

FAUX TÉMOIGNAGE EN MATIÈRE CORRECTIONNELLE.

Art. 364, § 2, 362 du code pénal.

D'avoir, le....., à l'audience publique du tribunal de....., commis un faux témoignage en matière correctionnelle contre le sieur B..... (*ou* en faveur du sieur B.....), prévenu de coups et blessures volontaires ;

Et d'avoir, pour faire ladite déposition contraire à la vérité, reçu de l'argent, une récompense quelconque ou des promesses.

~~~

FAUX TÉMOIGNAGE EN MATIÈRE CIVILE.

Art. 364, § 2, 363 du code pénal.

D'avoir, le....., devant l'un des juges du tribunal de....., commis pour procéder à une enquête dans l'affaire des héritiers B..... contre la veuve R....., fait un faux témoignage en matière civile ;

Après avoir reçu, pour commettre ce faux témoignage, de l'argent, une récompense quelconque ou des promesses.

~~~

SUBORNATION EN MATIÈRE CRIMINELLE.

Art. 365, 361 du code pénal.

D'avoir, le....., à....., suborné les nommés P.....
pour les déterminer à déposer en faveur du nommé
R..... (*ou* contre le nommé R.....), accusé d'assassinat ;

Lequel faux témoignage a été fait à l'audience de
la cour d'assises de....., le.....

~~~

Art. 365, 364, § 1er, 361 du code pénal.

En employant, pour commettre cette subornation,
de l'argent, une récompense quelconque ou des promesses.

~~~

SUBORNATION EN MATIÈRE CORRECTIONNELLE.

Art. 365, 362, 364, § 2, du code pénal.

D'avoir, le....., à P....., suborné le témoin Louis
R..... pour le déterminer à déposer en faveur du
nommé S....., prévenu, en matière correctionnelle, de
faits contraires à la vérité ; laquelle déposition mensongère a été réellement faite à l'audience du tribunal
du..... ;

En employant, pour commettre cette subornation,
de l'argent, une récompense quelconque ou des promesses.

~~~

SUBORNATION EN MATIÈRE CIVILE.

Art. 365, 363, 364 , § 2, du code pénal.

D'avoir, le....., à....., suborné le nommé R.....
pour le déterminer à faire un faux témoignage, en
matière civile, en faveur du sieur V..... ;

Lequel faux témoignage a été fait devant M. le juge
de paix du canton de....., à l'audience du....., dans
l'affaire introduite contre ledit V..... à la requête du
sieur M.....;

En employant, pour commettre cette subornation,
de l'argent, une récompense quelconque ou des promesses.

Fournisseurs (délits des).

Art. 430 du code pénal.

D'avoir, le....., à P...:., en sa qualité de fournisseur
de la marine, fait manquer le service dont il était
chargé, sans y avoir été contraint par une force majeure, en ne livrant pas au commis des vivres du navire
la Comète la quantité de viande qu'il était obligé de
fournir.

Art. 431 du code pénal.

§ 1er.

D'avoir, à la même époque et au même lieu, étant agent du sieur B....., fournisseur de la marine, fait manquer par sa faute, et sans y avoir été contraint par une force majeure, le service dont ce dernier était chargé.

§ 2.

D'avoir, ensemble et de concert, le....., à P....., le premier en qualité de fournisseur, et le second comme agent de ce dernier, fait manquer par leur faute le service dont le sieur B..... était chargé, en ne livrant pas au commis des vivres du navire *la Comète* la quantité de viande qui devait être fournie.

Art. 432 du code pénal.

D'avoir, le....., à P....., étant fonctionnaire public, aidé le sieur B..... à faire manquer le service dont ce dernier était chargé en sa qualité de fournisseur de la marine.

Incendie.

---

§ 1er.

D'avoir, le....., à P....., volontairement mis le feu à une maison qui lui appartenait (*ou* qui appartenait au sieur R.....) ;

Laquelle maison était habitée ou servait à l'habitation.

D'avoir, le....., à P....., volontairement mis le feu à une loge servant d'écurie, appartenant au sieur T..... ;

Laquelle loge était une dépendance de la maison habitée par le sieur T.....

D'avoir, le....., à P....., volontairement mis le feu à un édifice, navire, bateau, magasin, chantier, appartenant à lui-même, *ou* appartenant au sieur V..... ;

Lequel édifice, etc., était habité ou servait à l'habitation,

Ou était une dépendance de maison habitée ou servant à l'habitation.

§ 2.

D'avoir, le....., à P....., volontairement mis le feu à des voitures ou wagons contenant des personnes ;

Ou à des voitures ou wagons ne contenant pas des personnes, mais faisant partie d'un convoi qui en contenait.

—

D'avoir, le....., à P....., volontairement mis le feu à un édifice servant à des réunions de citoyens.

§ 3.

D'avoir, le....., en la commune de....., volontairement mis le feu à des édifices, navires, bateaux, magasins, chantiers non habités et ne servant pas à l'habitation ;
Ou à des forêts, bois taillis ou récoltes sur pied ;
Lesquels édifices, etc., ne lui appartenaient pas.

§ 4.

D'avoir, le....., à P....., en mettant volontairement (*ou* en faisant mettre) le feu à un édifice non habité et ne servant pas à l'habitation, lui appartenant, volontairement occasionné un préjudice à autrui.

§§ 3 et 4.

D'avoir, le....., à P....., volontairement mis le feu à un édifice non habité et ne servant pas à l'habitation, à lui-même appartenant, et d'avoir volontairement causé par ce fait un préjudice à la compagnie *la Confiance*, à laquelle ledit édifice était assuré au moment de l'incendie.

§ 5.

D'avoir, le....., à P......, volontairement mis le feu à une meule de paille faisant partie de récoltes appartenant au sieur R.....;

Ou à un tas de fagots de chêne faisant partie de récoltes abattues et appartenant au sieur R.....;

Ou à des pailles ou récoltes en tas ou en meule appartenant au sieur V.....;

Ou à des bois disposés en tas, en cordes ou en stères, appartenant au sieur V.....;

Ou à des voitures où wagons chargés ou non chargés de marchandises ou autres objets mobiliers, et ne faisant point partie d'un convoi contenant des personnes;

Lesquels voitures ou wagons ne lui appartenaient pas.

§ 6.

D'avoir, le....., en la commune de....., en mettant volontairement (*ou* en faisant mettre) le feu à des fagots en tas faisant partie de bois abattus et à l'état de récoltes, lui appartenant;

Ou à des pailles ou récoltes en tas ou en meule, lui appartenant;

Ou à des bois disposés en tas, en cordes ou en stères, lui appartenant;

Ou à des voitures ou wagons chargés ou non chargés de marchandises ou autres objets mobiliers, et ne faisant point partie d'un convoi contenant des personnes;

Lesquels voitures ou wagons lui appartenaient;

Volontairement causé un préjudice à autrui *ou* à la compagnie *la Confiance*, à laquelle lesdits objets étaient assurés au moment de l'incendie.

§ 7.

D'avoir, le....., en la commune de....., communiqué l'incendie à une galerie, édifice appartenant au sieur B....., en mettant volontairement le feu à un tas de fagots lui appartenant et placé de manière à communiquer l'incendie.

—

D'avoir, le....., à P....,, volontairement mis le feu à une grange appartenant au sieur R.....;

Laquelle grange était contiguë à des servitudes attenantes à des maisons habitées, et était placée de manière à communiquer l'incendie auxdites maisons.

§ 8.

D'avoir, le....., en la commune de....., volontairement mis le feu à une maison lui appartenant;

Lequel incendie a occasionné la mort de deux personnes qui habitaient ladite maison en qualité de locataires.

Infanticide.

—

Art. 300, 302 du code pénal.

D'avoir, le....., en la commune de....., volontairement donné la mort à son enfant nouveau-né.

Meurtre.

—

Art. 295, 304, dernier paragraphe du code pénal.

D'avoir, le....., à P....., volontairement donné la
mort à Jean R.....

MEURTRE PRÉCÉDÉ, ACCOMPAGNÉ OU SUIVI D'UN AUTRE CRIME.

Art. 295, 304, § 1er, du code pénal.

D'avoir, le....., en la commune de....., volontairement donné la mort à Pierre V.....;
Lequel homicide volontaire a immédiatement précédé, accompagné ou suivi la soustraction frauduleuse
ci-après désignée :

—

D'avoir commis ces deux homicides volontaires le
même jour, au même instant et dans le même lieu,
l'homicide sur la personne de Pierre V..... ayant im-

médiatement précédé l'homicide sur la personne de
Jean R.....;

—

Avec cette circonstance que l'homicide volontaire a
immédiatement précédé, accompagné ou suivi le crime
de viol sus-indiqué.

Art. 295, 304, § 2, du code pénal.

Avec cette circonstance que l'homicide volontaire
avait pour objet soit de préparer, soit de faciliter ou
d'exécuter le délit de vol sus-indiqué, soit de favoriser
la fuite ou l'impunité des auteurs ou complices de ce
délit.

Pillage.

—

Art. 442 (440) du code pénal.

D'avoir, le....., en la commune de....., en réunion
ou bande armée et à force ouverte, commis un pillage
de grains dans le magasin du sieur R....., marchand
de blé.

Art. 442 du code pénal.

De s'être rendu le chef, instigateur et provocateur
de ce pillage en se mettant à la tête de l'attroupement
armé pour le conduire chez le sieur R....., et en excitant par son exemple et par ses discours les individus
à piller les grains.

Art. 440 du code pénal.

D'avoir, le....., à P....., pillé des denrées ou marchandises, effets, propriétés mobilières, au préjudice
du sieur R.....;

D'avoir commis ces pillages et dégâts en réunion ou
bande et à force ouverte.

Le nommé B.....,
D'avoir été le chef de la bande qui s'est livrée au
pillage ci-dessus qualifié.

Rébellion.

—

EN RÉUNION DE PLUS DE 20 PERSONNES ARMÉES OU NON ARMÉES.

Art. 209 et 210 du code pénal.

D'avoir, le....., à P....., commis le crime de rébellion, en réunion de plus de 20 personnes armées (*ou
non armées*), par attaque ou résistance avec violence
et voies de fait envers la force publique agissant pour
l'exécution des lois, des ordres ou ordonnances de
l'autorité publique.

EN RÉUNION DE TROIS PERSONNES ARMÉES.

Art. 209 et 211 du code pénal.

D'avoir, le....., en la commune de....., résisté avec
violences et voies de fait à des agents de la force publique agissant pour l'exécution des lois ;

D'avoir commis ce crime de rébellion en réunion armée de trois personnes.

~~~

CRIME COMMIS PENDANT LE COURS ET À L'OCCASION DE LA RÉBELLION.

Art. 209, 210, 216 du code pénal.

D'avoir fait partie d'une réunion armée qui, le....., au lieu appelé....., commune de....., a commis le crime de rébellion par attaque et résistance avec violence et voies de fait envers la force publique agissant pour l'exécution des lois, des ordres et ordonnances de l'autorité publique, des mandats de justice ou jugements;

D'avoir, pendant le cours et à l'occasion de cette rébellion, soit comme auteur, soit comme complice ayant avec connaissance aidé et assisté les auteurs de la rébellion dans les faits qui l'ont préparée, facilitée ou consommée, commis volontairement, avec préméditation et guet-apens, un homicide sur la personne de Jean R..... (art. 295, 296, 297, 298, 302 C. P.).

Séquestration.

—

Art. 341 du code pénal.

§ 1er.

D'avoir, le....., en la commune de....., sans ordre des autorités constituées et hors les cas prévus par la loi, séquestré le nommé R......

§ 2.

D'avoir, à la même époque et au même lieu, fourni un local pour exécuter la séquestration dudit R.....

~~~

Art. 342 du code pénal.

D'avoir, dans le courant du mois de....., au village de....., sans ordre des autorités constituées et hors les cas prévus par la loi, détenu ou séquestré la personne du nommé B..... ;

Laquelle détention ou séquestration a duré plus d'un mois.

~~~

Art. 344 du code pénal.

D'avoir, le....., dans la commune de....., sans ordre des autorités constituées et hors les cas où la loi ordonne de se saisir des individus, arrêté, détenu et séquestré la personne du gendarme R.....,

Avec cette circonstance que ladite arrestation a été

exécutée avec le faux costume d'un commandant de la garde nationale, sous un faux nom ou sur un faux ordre de l'autorité publique ;

Ou avec cette circonstance que, pendant l'arrestation, la détention ou la séquestration, ledit gendarme a été menacé de mort,

Ou a été soumis à des tortures corporelles.

Substitution, Supposition, Suppression, Enlèvement ou recel, Refus de représentation d'enfant.

—

SUBSTITUTION.

Art. 345 du code pénal.

§ 1er.

D'avoir, le....., à....., frauduleusement substitué à l'enfant dont elle venait d'accoucher un enfant vivant, né le même jour des époux R.....

SUPPOSITION.

Art. 345 du code pénal.

§ 1er.

D'avoir, le....., frauduleusement fait inscrire sur les registres de l'état civil de la commune de....., comme né d'elle et de son mari, bien qu'elle ne fût pas accouchée, un enfant vivant du sexe masculin, dont la fille R..... était récemment accouchée.

SUPPRESSION, ENLÈVEMENT OU RECEL.

Art. 345 du code pénal.

§ 1er.

D'avoir, le....., à P....., frauduleusement supprimé un enfant vivant du sexe masculin, dont elle venait d'accoucher (*ou bien* frauduleusement enlevé *ou* recélé un enfant vivant, né des époux R.....).

———

D'avoir, le....., à P....., frauduleusement supprimé l'enfant né vivant dont elle était accouchée la veille, en ne le faisant pas inscrire à la municipalité de P..... et en le faisant déposer à l'hospice de....., sous un nom autre que celui que la loi civile lui assurait, et en le privant ainsi de l'état auquel il avait droit.

REFUS DE REPRÉSENTATION.

Art. 345 du code pénal.

§ 3.

D'avoir, le....., à P....., étant chargée d'un enfant qui lui avait été confié en qualité de nourrice, refusé de le représenter aux personnes qui avaient le droit de le réclamer.

Troubles apportés à l'ordre public par les ministres des cultes dans l'exercice de leur ministère.

—

Art. 202, § 2, du code pénal.

D'avoir, le....., en la commune de....., dans l'exercice de son ministère et en assemblée publique, prononcé un discours contenant une provocation directe à la désobéissance aux lois ou autres actes de l'autorité publique, ou tendant à soulever ou armer une partie des citoyens contre les autres ;

Laquelle provocation a donné lieu à la désobéissance dont il vient d'être question.

~~~

Art. 203 du code pénal.

Et a été suivie d'une sédition ou révolte.

~~~

Art. 204 du code pénal.

D'avoir, le....., à P....., dans un écrit contenant des instructions pastorales, critiqué ou censuré un acte de l'autorité publique.

~~~

Art. 205 du code pénal.

D'avoir, vers la même époque et au même lieu, dans un écrit contenant des instructions pastorales, provoqué directement à la désobéissance aux lois ou autres actes de l'autorité publique.

~~~

Art. 206 du code pénal.

D'avoir, le....., à P....., dans un écrit contenant des instructions pastorales, cherché à soulever ou armer une partie des citoyens contre les autres ;

Laquelle provocation a été suivie d'une sédition ou révolte.

~~~

Art. 208 (207) du code pénal.

D'avoir, dans le courant du mois de....., à P....., sur des questions ou matières religieuses, entretenu une correspondance avec une cour ou puissance étrangère, sans en avoir préalablement informé le ministre chargé de la surveillance des cultes et sans avoir obtenu son autorisation ;

Laquelle correspondance a été accompagnée ou suivie de faits contraires aux dispositions formelles de la loi du.....

Viol.

Art. 332, § 1er, du code pénal.

D'avoir, le....., en la commune de....., commis le crime de viol sur la personne de Marie R..... (*ou* contre la personne de Marie R.....).

~~~

CONTRE UN ENFANT AGÉ DE MOINS DE 15 ANS.

Art. 332, § 2, du code pénal.

D'avoir, le....., sur le territoire de la commune de....., commis le crime de viol sur la personne de Marie V..... (*ou* contre la personne de Marie V.....).

D'avoir commis ce crime sur la personne de Marie V....., enfant au-dessous de l'âge de 15 ans accomplis.

PAR UN PÈRE SUR SA FILLE, PAR UN INSTITUTEUR, UN DO-MESTIQUE, UN FONCTIONNAIRE OU UN MINISTRE D'UN CULTE.

Art. 332, § 1er, 333 du code pénal.

D'avoir, le....., en la commune de....., commis le crime de viol sur la personne de Julie R.....;

D'avoir commis ce crime sur la personne de Julie R....., sa fille légitime;
Ou alors que cette jeune fille lui avait été confiée en qualité d'ouvrière ou d'apprentie ;
Ou alors qu'il était l'instituteur de ladite Julie R.....;
Ou alors qu'il était le domestique de cette jeune fille, ou employé comme serviteur à gages au service de ses père et mère ;
Ou alors qu'il était fonctionnaire public;
Ou ministre d'un culte.

AVEC ASSISTANCE.

Art. 332, § 1er, 333 du code pénal.

D'avoir, le....., à P....., commis le crime de viol sur la personne de Marie R.....;

D'avoir commis ce crime avec cette circonstance qu'il a été aidé dans son crime par une ou plusieurs personnes.

Vols qualifiés.

Art. 381 du code pénal.

D'avoir, le....., à....., soustrait frauduleusement une somme d'argent et divers objets mobiliers au préjudice de.....;

D'avoir commis cette soustraction frauduleuse :
1° La nuit ;
2° En réunion de deux ou plusieurs personnes ;
3° Alors que les coupables ou l'un d'eux étaient porteurs d'armes apparentes ou cachées ;
4° Après avoir, pour s'introduire dans la maison habitée par....., pénétré dans un enclos en dépendant et y attenant, en passant par-dessus une haie fermant ledit enclos ;
Enlevé une planche ou trappe qui fermait à l'extérieur l'ouverture de la cave ;
Passé par une ouverture souterraine autre que celle qui a été établie pour servir d'entrée ;

Pratiqué un trou au contrevent et soulévé le crochet de ce contrevent ;

Forcé et enlevé une barre de fer servant à protéger le vitrage d'une fenêtre, et après avoir brisé l'un des carreaux de vitre de ladite croisée ;

Forcé la porte d'entrée servant de clôture extérieure ;

En se servant, pour s'introduire dans la chambre où se trouvait l'armoire contenant l'argent volé, d'une clef ou tout autre instrument non destiné à cet usage par le propriétaire ;

En prenant le titre d'un fonctionnaire public ou d'un officier civil ou militaire ;

Après s'être revêtu du costume ou de l'uniforme d'un fonctionnaire public ou d'un officier civil ou militaire ;

En alléguant un faux ordre de l'autorité civile ou militaire ;

5° Avec violence envers le sieur.....;

Ou avec menace de faire usage de leurs armes.

Art. 382 du code pénal.

§ 1er.

D'avoir, le....., à....., soustrait frauduleusement une somme d'argent au préjudice du sieur V.....;

D'avoir commis cette soustraction à l'aide de violences envers le sieur V.....

§ 2.

Lesquelles violences ont laissé des traces de blessures ou de contusions.

Art. 383 (381) du code pénal.

D'avoir, le... ., en la commune de....., soustrait frauduleusement une somme d'argent au préjudice du sieur R.....;

D'avoir commis cette soustraction frauduleuse :
1° Sur un chemin public ;
2° Pendant la nuit ;
3° En réunion de deux ou plusieurs personnes ;
4° (*Voir* l'art. 381 C. P.)

Art. 384 (381, n° 4) du code pénal.

D'avoir, le....., en la commune de....., soustrait frauduleusement divers objets mobiliers au préjudice du sieur S.....;

D'avoir commis cette soustraction frauduleuse, après avoir, dans la maison du sieur S....., ouvert, à l'aide d'une clef ou de tout autre instrument qui n'était pas destiné à cet usage par le propriétaire, la malle fermée à clef qui contenait les objets qui ont été soustraits.

(*Voir*, pour les autres circonstances aggravantes, le n° 4 de l'art. 381.)

Art. 385 du code pénal.

D'avoir, le....., à....., soustrait frauduleusement une somme d'argent au préjudice de.....;

D'avoir commis cette soustraction frauduleuse :
1° Pendant la nuit ;
2° Dans une maison habitée ;
Ou dans un édifice consacré à un culte légalement reconnu ;
3° En réunion de deux ou plusieurs personnes ;
4° Alors que les coupables ou l'un d'eux étaient porteurs d'armes apparentes ou cachées.

Art. 386 du code pénal.

D'avoir le....., à....., soustrait frauduleusement divers objets mobiliers au préjudice de.....;

D'avoir commis cette soustraction frauduleuse :
1° Pendant la nuit,
En réunion de deux ou plusieurs personnes,
(Dans une maison habitée ou servant à l'habitation, — dans un édifice consacré à un culte légalement reconnu) ;
2° Alors que les coupables ou l'un d'eux étaient porteurs d'armes apparentes ou cachées ;
3° Alors qu'il était au service du sieur R..... en qualité de domestique ou d'homme de service à gages ;

Ou d'avoir commis cette soustraction frauduleuse :
Envers le sieur X....., qu'il ne servait pas, mais

qui se trouvait dans la maison du sieur R....., son maître ;

Ou dans la maison du sieur V....., où il avait accompagné le sieur R....., dont il était le domestique ou l'homme de service à gages ;

Ou dans la maison, le magasin ou l'atelier du sieur P....., dont il était l'ouvrier, le compagnon ou l'apprenti ;

Ou dans l'habitation du sieur M....., où il travaillait habituellement en qualité d'ouvrier maçon ;

5° Alors que les objets par lui soustraits frauduleusement lui avaient été confiés en sa qualité d'aubergiste (*ou* d'hôtelier, *ou* de voiturier, *ou* de batelier, *ou* de préposé de ceux-ci).

Art. 379, 384, 381, n° 4, 386 du code pénal.

D'avoir, le....., en la commune de....., soustrait frauduleusement, au préjudice du sieur....., une certaine quantité de blé ;

D'avoir commis cette soustraction frauduleuse :

1° La nuit ;

2° Dans une maison habitée ;

3° Après avoir passé par-dessus l'appui d'une croisée, élevé au-dessus du sol, pour s'introduire dans la maison où se trouvait le blé qui a été soustrait.

Art. 379, 384, 381, n° 4, 386 du code pénal.

D'avoir, du 11 au 12 novembre 186....., en la commune de....., soustrait frauduleusement une somme d'argent au préjudice des époux R.....;

D'avoir commis cette soustraction frauduleuse :
1° La nuit ;
2° Dans une maison habitée ;
3° Après avoir, pour s'introduire dans la maison où se trouvait l'argent volé, passé par-dessus l'appui d'une fenêtre, élevé au-dessus du sol ;
4° Après avoir dégradé et forcé le tiroir d'un meubles placé dans ladite maison et où se trouvait l'argent qui a été soustrait.

Art. 379, 384, 381, n° 4, 386 du code pénal.

D'avoir, le....., à P....., soustrait frauduleusement une certaine quantité d'objets mobiliers au préjudice du sieur R.....;

D'avoir commis cette soustraction frauduleuse :
1° La nuit ;
2° Dans une baraque ou loge servant à l'habitation ;
3° Après avoir, pour s'introduire dans ladite loge, démoli et enlevé une partie de sa toiture ;
4° Après avoir, pour s'introduire dans ladite loge, passé par-dessus le mur de clôture extérieure.

Art. 379, 384, 381, n° 4, du code pénal.

D'avoir, le....., à. P....., soustrait frauduleusement, au préjudice des époux R....., une somme d'argent;

D'avoir commis cette soustraction frauduleuse :

1° Dans une maison habitée ;

2° Après s'être servi, pour s'introduire dans ladite maison, d'une clef autre que celle destinée par le propriétaire à cet usage ;

3° Après avoir forcé l'armoire placée dans ladite maison et où était renfermé l'argent qui a été soustrait.

Art. 379, 384, 381, n° 4, du code pénal.

D'avoir, le....., en la commune de....., soustrait frauduleusement deux paniers de sardines au préjudice du sieur V.....;

D'avoir commis cette soustraction frauduleuse après avoir, pour s'introduire dans la salle, édifice clos où se trouvaient les objets qui ont été soustraits, brisé un des barreaux de la claire-voie qui servait à la clore.

Art. 379, 384, 381, n° 4, du code pénal.

D'avoir, le....., à P....., soustrait frauduleusement une montre et deux chaînes en argent au préjudice du sieur R.....;

D'avoir commis cette soustraction frauduleuse :

1° Après avoir, pour s'introduire dans la maison où se trouvaient les objets qui ont été soustraits, brisé l'un des carreaux de vitre de l'une des croisées de ladite maison ;

2° Après avoir, pour s'introduire dans ladite maison, passé par-dessus l'appui de ladite croisée, élevé au-dessus du sol.

Art. 379, 384, 381, n° 4, du code pénal.

D'avoir, le....., à P....., soustrait frauduleusement une somme d'argent au préjudice du sieur R.....;

D'avoir commis cette soustraction frauduleuse :

1° En se servant, pour ouvrir le tiroir du meuble qui contenait l'argent qui a été soustrait, d'une clef autre que celle destinée par le propriétaire à cet usage ;

2° En forçant le tiroir du meuble dans lequel se trouvait l'argent qui a été soustrait.

Art. 379, 384, 381, n° 4, du code pénal.

D'avoir, le....., à P....., soustrait frauduleusement un fusil au préjudice du sieur R.....;

D'avoir commis cette soustraction frauduleuse :

1° Après avoir, pour s'introduire dans la maison où se trouvait le fusil qui a été soustrait, coupé ou rompu la corde qui servait à fermer le contrevent de la fenêtre de ladite maison ;

2° Après avoir, pour s'introduire dans ladite maison, passé par-dessus l'appui de ladite fenêtre, élevé au-dessus du sol.

Art. 379, 384, 381, n° 4, 386 du code pénal.

D'avoir, le....., en la commune de....., soustrait frauduleusement un cheval au préjudice du sieur A.....;

D'avoir commis cette soustraction frauduleuse :

1° La nuit;

2° Dans une écurie dépendant d'une maison habitée;

3° Après avoir forcé le contrevent de l'une des croisées de la maison du sieur A.....;

4° Après avoir passé par-dessus l'appui de ladite croisée, élevé au-dessus du sol.

Art. 379, 384, 381, n° 4, du code pénal.

D'avoir, le....., à P....., soustrait frauduleusement une somme d'argent au préjudice du sieur V.....;

D'avoir commis cette soustraction frauduleuse :

1° Après avoir, pour s'introduire dans la cour de la maison du sieur V....., coupé les cordes qui retenaient la barrière servant de fermeture extérieure à ladite cour;

2° Après avoir, pour s'introduire dans la maison du sieur V....., pratiqué, à l'aide d'une démolition quelconque, une ouverture dans le mur de clôture donnant sur la cour.

Art. 379, 384, 381, n° 4, 386 du code pénal.

D'avoir, le....., à P....., soustrait frauduleusement une somme d'argent au préjudice du sieur R.....;

D'avoir commis cette soustraction frauduleuse :
1° La nuit;
2° Dans la maison servant d'habitation au sieur R.....;
3° Alors qu'il travaillait habituellement en qualité d'ouvrier charpentier dans ladite maison où le vol a été commis;
4° Après avoir, pour s'introduire dans ladite maison, passé par-dessus la porte extérieure;
5° Après avoir, dans ladite maison, pratiqué, à l'aide d'un forcement quelconque, une ouverture dans la fonçure d'une armoire fermée à clef qui contenait l'argent qui a été soustrait.

Art. 379, 386, n° 3, du code pénal.

D'avoir, le....., à P....., soustrait frauduleusement une montre en or au préjudice du sieur M.....;

D'avoir commis cette soustraction frauduleuse dans la maison du sieur M....., alors qu'il y travaillait habituellement comme ouvrier ou homme de service à gages.

Art. 379, 386, n° 3, du code pénal.

D'avoir, le....., à P,....., soustrait frauduleusement une somme d'argent au préjudice du sieur R.....;

D'avoir commis cette soustraction frauduleuse alors qu'il était au service du sieur R..... en qualité de domestique ou d'homme de service à gages.

Art. 379, 386, n° 3, du code pénal.

D'avoir, le....., à P....., soustrait frauduleusement divers objets mobiliers au préjudice du sieur R....;

D'avoir commis cette soustraction frauduleuse au préjudice du sieur R..... qu'il ne servait pas, mais qui se trouvait dans la maison du sieur V....., dont il était le domestique ou l'homme de service à gages.

Art. 379, 386, n°s 1 et 3, du code pénal.

D'avoir, le....., à P....., soustrait frauduleusement une certaine quantité de vin au préjudice du sieur V.....;

D'avoir commis cette soustraction frauduleuse :
1° En réunion de deux personnes;
2° Dans une cave dépendant de la maison habitée par le sieur V.....;
3° Alors qu'ils étaient au service du sieur V..... en qualité de domestique ou d'homme de service à gages.

Art. 379, 381, n°° 1 et 3, 382 du code pénal.

D'avoir, le....., à P....., soustrait frauduleusement une somme d'argent au préjudice du sieur R.....;

D'avoir commis cette soustraction frauduleuse :
1° En réunion de deux personnes;
2° A l'aide de violences ;
3° Alors que les coupables ou l'un d'eux étaient porteurs d'armes apparentes.

Art. 379, 381, n° 1er, 383 du code pénal.

D'avoir, du 20 au 21 janvier 186...., sur la route de..... à P....., soustrait frauduleusement une somme d'argent au préjudice du sieur V.....;

D'avoir commis cette soustraction frauduleuse :
1° Sur le chemin public de grande communication de..... à P...,...;
2° La nuit.

Art. 379, 381, n°° 1er et 3, 382, 383 du code pénal.

D'avoir, le....., en la commune de....., soustrait frauduleusement une somme d'argent au préjudice du sieur M.....;

D'avoir commis cette soustraction frauduleuse :
1° La nuit ;
2° Sur un chemin public ;
3° Étant porteur d'armes apparentes ou cachées ;

4° Avec violence ou menace de faire usage de ces armes.

~

Art. 379, 384, 381, n° 4, du code pénal.

D'avoir, le....., en la commune de....., soustrait frauduleusement une somme d'argent au préjudice du sieur R.....;

D'avoir commis cette soustraction frauduleuse :

1° Après avoir, pour s'introduire dans la maison du sieur R....., ouvert, à l'aide d'un forcement quelconque, les contrevents servant de fermeture à une des fenêtres extérieures ;

2° Après avoir, pour s'introduire dans la maison du sieur R....., passé par-dessus l'appui d'une fenêtre, élevé au-dessus du sol ;

3° Après avoir, pour s'introduire dans la maison du sieur R....., brisé l'un des carreaux de vitre servant de fermeture à une fenêtre extérieure ;

4° Après avoir, dans la maison du sieur R....., ouvert, à l'aide d'un forcement quelconque, le battant du meuble fermé à clef contenant l'argent qui a été soustrait.

~

Art. 379, 384, 381, n° 4, 386, n° 3, du code pénal.

D'avoir, le....., à P....., soustrait frauduleusement divers objets mobiliers au préjudice du sieur A....;

D'avoir commis cette soustraction frauduleuse :

1° En se servant, pour ouvrir l'armoire placée dans la maison du sieur A....., où se trouvaient les objets

qui ont été soustraits, d'une clef autre que celle destinée par le propriétaire à cet usage;

2° Alors qu'il était le domestique ou l'homme de
service à gages du sieur A.....

Art. 379, 384, 381, n° 4, 386 du code pénal.

D'avoir, le....., en la commune de....., soustrait
frauduleusement une somme d'argent au préjudice
du sieur V.....;

D'avoir commis cette soustraction frauduleuse :
1° La nuit ;
2° Dans une maison habitée ;
3° Après avoir enlevé de la maison où elle était placée, la malle qui renfermait l'argent volé, et avoir
ensuite forcé le cadenas qui la tenait fermée.

Art. 379, 384, 381, n° 4, 386, 255 du code pénal.

D'avoir, le....., à P....., soustrait frauduleusement
une somme d'argent et divers objets mobiliers appartenant, comme pièces à conviction, à des procédures
criminelles ;

D'avoir commis cette soustraction frauduleuse :
1° La nuit ;
2° Dans un édifice habité ;
3° Dans un dépôt public ;
4° Après avoir, pour s'introduire dans l'édifice où
se trouvaient les objets qui ont été soustraits, passé
par-dessus un mur de clôture élevé au-dessus du sol ;

5° Après avoir, pour s'introduire dans l'appartement où se trouvaient les objets qui ont été soustraits, brisé l'un des carreaux de vitre de l'une des fenêtres dudit appartement ;

6° Après avoir, pour s'introduire dans ledit appartement, passé par-dessus l'appui de ladite fenêtre, élevé au-dessus du sol.

~~~

Art. 379, 384, 381, n° 4, du code pénal.

D'avoir, le....., à P....., soustrait frauduleusement une somme d'argent au préjudice du sieur A..... ;

D'avoir commis cette soustraction frauduleuse dans la maison du sieur A..... après avoir forcé la porte d'un placard dans lequel était enfermé l'argent qui a été soustrait.

~~~

Art. 379, 384, 381, n° 4, 386 du code pénal.

D'avoir, le....., à P....., soustrait frauduleusement une somme d'argent dans le tronc des pauvres, placé dans l'église de cette paroisse ;

D'avoir commis cette soustraction frauduleuse :

1° Dans un édifice consacré à un culte légalement reconnu ;

2° Après avoir arraché et forcé à l'aide d'un instrument quelconque le tronc dans lequel se trouvait enfermé l'argent qui a été soustrait.

~~~

Art. 379, 384, 381, n° 4, du code pénal.

D'avoir, le....., à P....., soustrait frauduleusement une certaine quantité de volailles au préjudice du sieur A..... ;

D'avoir commis cette soustraction frauduleuse, après avoir, pour s'introduire dans le toit qui renfermait les volailles qui ont été soustraites, brisé à l'aide d'un forcement quelconque la traverse supérieure et la serrure de la porte servant de fermeture audit toit.

Art. 379, 384, 381, n° 4, du code pénal.

D'avoir, le....., en la commune de....., soustrait frauduleusement une somme d'argent au préjudice du sieur A..... ;

D'avoir commis cette soustraction frauduleuse en prenant le titre d'un fonctionnaire public.

Art. 379, 381, n°ˢ 3 et 5, 382, 384 du code pénal.

D'avoir, le....., en la commune de....., soustrait frauduleusement une somme d'argent au préjudice du sieur R..... ;

D'avoir commis cette soustraction frauduleuse :

1° Après avoir forcé la serrure de la porte d'entrée de la maison du sieur R....., où se trouvait l'argent qui a été soustrait ;

2° Étant porteur d'une arme apparente ou cachée ;

3° A l'aide de violences envers le sieur R..... ;

4° Lesquelles violences ont laissé des traces de blessures.

~~~

Art. 379, 384, 381, n° 4, du code pénal.

D'avoir, le....., à P....., soustrait frauduleusement divers objets mobiliers au préjudice du sieur M.....;

D'avoir commis cette soustraction frauduleuse dans la maison du sieur M....., après avoir, pour s'introduire dans le grenier où se trouvaient les objets qui ont été soustraits, dégradé et déplacé des planches formant une cloison.

~~~

Art. 379, 384, 381, n° 4, 386 du code pénal.

D'avoir, le....., à P....., soustrait frauduleusement une certaine quantité de comestibles au préjudice du sieur R.....;

D'avoir commis cette soustraction frauduleuse :

1° La nuit ;

2° En réunion de deux personnes ;

3° Dans une laiterie dépendant d'une maison habitée ;

4° Après avoir, pour s'introduire dans ladite laiterie, passé par une ouverture pratiquée dans le mur extérieur de clôture ;

5° Après avoir, pour arriver dans le parc ou enclos dans lequel est située la laiterie où se trouvaient les objets qui ont été soustraits, passé par-dessus un fossé et une haie vive servant de clôture audit parc ou enclos.

~~

Art. 379, 384, 381, n° 4, 386 du code panal.

D'avoir, le....., à P....., soustrait frauduleusement des brebis au préjudice du sieur R.....;

D'avoir commis cette soustraction frauduleuse :
1° La nuit ;
2° Dans un toit dépendant d'une maison habitée ;
3° En réunion de deux personnes.

~~

Art. 379, 384, 381, n° 4, 386 du code pénal.

D'avoir, le....., en la commune de....., soustrait frauduleusement une certaine quantité de vin au préjudice du sieur M.....;

D'avoir commis cette soustraction frauduleuse :
1° Dans une cave dépendant d'une maison habitée;
2° Après avoir, pour s'introduire dans les servitudes qui précèdent ladite cave, passé par-dessus l'appui d'une fenêtre, élevé au-dessus du sol ;
3° Après avoir enlevé des barreaux de fer servant à fermer ladite fenêtre;
4° Après avoir forcé la serrure de la porte de la cave dans laquelle se trouvait le vin qui a été soustrait.

~~

Art. 379, 386, n° 1er, du code pénal.

D'avoir, le....., à P....., soustrait frauduleusement une somme d'argent au préjudice du sieur R..... ;

D'avoir commis cette soustraction frauduleuse :
1° La nuit ;
2° Dans une maison habitée ;

~~~

Art. 2, 379, 384, 381, n° 4, du code pénal.

D'avoir, le....., en la commune de....., tenté de soustraire frauduleusement une somme d'argent au préjudice du sieur V..... ;

Laquelle tentative, manifestée par un commencement d'exécution, n'a été suspendue ou n'a manqué son effet que par des circonstances indépendantes de la volonté de son auteur ;

D'avoir commis cette tentative de soustraction frauduleuse après avoir, pour s'introduire dans la maison du sieur V....., ouvert la porte extérieure de ladite maison à l'aide d'une clef non destinée à cet usage par le propriétaire.

Vol à bord d'un navire.

Art. 93 du décret du 24 mars 1852.

D'avoir, le....., à....., soustrait frauduleusement une somme d'argent au préjudice du sieur R..... ;

D'avoir commis cette soustraction frauduleuse :

1° A bord du navire l'*Anna* ;

2° Alors qu'il était embarqué sur ce navire en qualité de matelot ;

3° Alors que la somme frauduleusement soustraite excédait 10 francs ;

4° Après avoir forcé la serrure d'une boîte fermée à clef, déposée dans ledit navire et qui contenait l'argent volé.

Vol à l'aide de bris de scellés.

—

Art. 379 (384), 253 du code pénal.

D'avoir, le....., à....., soustrait frauduleusement une somme d'argent au préjudice du sieur V..... ;

D'avoir commis cette soustraction frauduleuse après avoir brisé des scellés apposés par M. le juge de paix du canton de..... sur un meuble qui contenait l'argent volé.

DEUXIÈME PARTIE

QUALIFICATIONS CORRECTIONNELLES

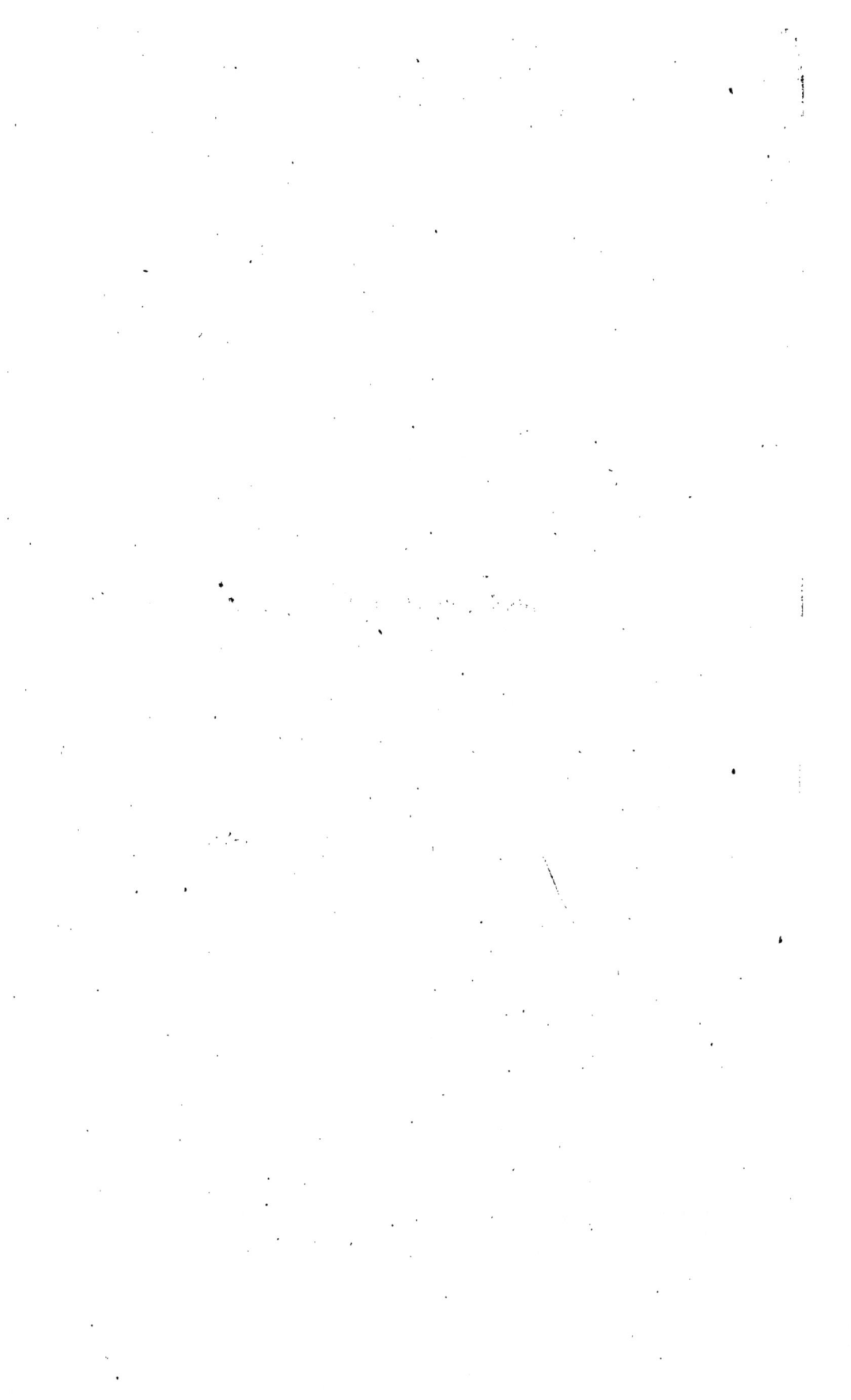

QUALIFICATIONS CORRECTIONNELLES

Abus d'autorité.

—

Art. 184, § 1er, du code pénal.

D'avoir, le....., en la commune de....., agissant en qualité d'agent ou préposé du gouvernement ou de la police, sans motif légitime, hors les cas prévus par la loi et sans les formalités qu'elle a prescrites, fait une visite au domicile du sieur R....., et contre le gré de celui-ci.

—

Abus de blanc seing.

—

Art. 407, § 1er (405) du code pénal.

D'avoir, le....., en la commune de....., abusé d'un blanc seing qui lui avait été confié, en écrivant frauduleusement au-dessus de la signature A..... une obli-

gation ou décharge pouvant compromettre la fortune
dudit A....., signataire dudit blanc seing.

Abus de confiance.

—

Art. 406 du code pénal.

D'avoir, le....., à P....., abusé des besoins, des fai-
blesses ou des passions d'un mineur, pour lui faire
souscrire à son préjudice des obligations, quittances
ou décharges.

Art. 408, 406 du code pénal.

D'avoir, le....., à P....., détourné ou dissipé, au préjudice du sieur A....., une voiture et un cheval qui ne
lui avaient été remis qu'à titre de louage et à la charge
par lui de les rendre ou représenter.

Art. 408, 406 du code pénal.

D'avoir, le....., à P....., détourné ou dissipé, au préjudice du sieur R....., une somme d'argent qui ne lui
avait été remise qu'à titre de mandat et à la charge par
lui d'en faire un emploi déterminé et de rendre le
surplus.

Art. 408, 406 du code pénal.

D'avoir, depuis moins de trois ans, à....., détourné ou dissipé, au préjudice du sieur R....., des objets mobiliers qui ne lui avaient été remis qu'à titre de prêt à usage, à la charge de les rendre ou représenter.

~~~

Art. 408, 406 du code pénal.

D'avoir, dans le courant du mois de....., à P....., commis un abus de confiance au préjudice de la dame M....., en détournant ou dissipant des marchandises qui lui avaient été confiées par cette dame à titre de mandat, à la charge de les vendre et de lui en rapporter la valeur ;

Ou qui lui avaient été confiées par cette dame à titre de nantissement.

~~~

Art. 409 du code pénal.

D'avoir, le....., à P....., soustrait frauduleusement, et de quelque manière que ce soit, une pièce ou mémoire qu'il avait produit dans une contestation judiciaire.

Achat d'effets de petit équipement.

Art. 5 de la loi du 28 mars 1793.

D'avoir acheté, le......, à P....., du sieur A....., grenadier au 3ᵉ régiment de ligne, des effets de petit équipement militaire.

Adultère. — Complicité.

Art. 336, 337 du code pénal.

La femme R.....

D'avoir, le....., à P....., été surprise en flagrant délit d'adultère avec le sieur V.....

D'avoir, depuis moins de trois ans, en la commune de....., commis le délit d'adultère.

Art. 338 du code pénal.

Le sieur V.....

De s'être, le même jour et au même lieu, rendu complice du délit d'adultère commis par la femme R.....

Art. 339 du code pénal.

D'avoir, dans le courant du mois de....., en la commune de....., entretenu une concubine dans le domicile conjugal.

Affichage sans autorisation.

—

Art. 30 de la loi du 8 juillet 1852 (décret du 25 août 1852).

D'avoir, depuis moins de trois ans, dans la commune de....., fait peindre sur le mur du cimetière de cette ville une affiche indiquant l'adresse d'un sculpteur de monuments funèbres, alors qu'il n'avait point fait la déclaration prescrite par l'article 1er du décret du 25 août 1852.

—

D'avoir, dans le cours du mois de....., sans autorisation préalable, fait peindre, en la commune de....., sur différents murs de cette localité, une affiche indiquant son adresse comme graveur sur métaux à Poitiers.

Apologie de fait qualifié crime par la loi pénale.

—

Art. 3 de la loi des 27-29 juillet 1849.

D'avoir, le....., en la commune de....., fait publiquement l'apologie d'un fait qualifié crime par la loi pénale, en disant qu'Orsini et ses complices, auteurs d'un attentat contre la vie de l'Empereur, étaient de braves gens.

———

Animaux tués méchamment.

—

Art. 452 du code pénal.

D'avoir, le....., en la commune de....., volontairement et méchamment empoisonné un cheval au préjudice du sieur R.....

ﾑﾑ

Art. 453, § 1er, du code pénal.

D'avoir, dans le cours du mois de....., en la commune de....., volontairement et méchamment tué plusieurs brebis au préjudice du sieur V....., avec cette circonstance que le délit en question a été commis dans les bâtiments, dans les dépendances et sur les terres du propriétaire desdits animaux.

Art. 453, § 2, du code pénal.

D'avoir, le même jour, en la même commune, volontairement et méchamment tué une brebis au préjudice du sieur A....., sur un terrain dont il était le propriétaire.

Art. 453, § 3, du code pénal.

D'avoir, vers la même époque, en la commune de....., volontairement et méchamment tué un mouton au préjudice du sieur R.....

Art. 454 du code pénal.

D'avoir, le....., en la commune de....., tué un animal domestique appartenant au sieur A....., et sur un terrain dont ce dernier était propriétaire.

Animaux atteints de maladie contagieuse.

Art. 459 du code pénal.

D'avoir, dans le cours du mois de....., à P....., détenu un animal infecté d'une maladie contagieuse, sans en avoir fait la déclaration au maire de la commune de.....

D'avoir, le....., à P....., mis en vente et vendu un cheval qu'il savait atteint d'une maladie contagieuse.

≈≈

Art. 460 du code pénal.

D'avoir, au mépris des défenses de l'administration, dans le courant du mois de....., en la commune de....., laissé communiquer avec d'autres animaux des moutons qu'il savait être atteints de maladie contagieuse.

≈≈

Art. 461 du code pénal.

D'avoir, au mépris des défenses de l'administration, dans le courant du mois de....., à P....., laissé communiquer avec d'autres animaux des moutons qu'il savait être infectés de maladie contagieuse, avec cette circonstance qu'il est résulté de cette communication une contagion parmi lesdits animaux.

Armes prohibées.

—

Art. 314 du code pénal ; art. 1er de la loi du 24 mai 1834.

§ 1er.

D'avoir, dans le courant du mois de....., à P....., fabriqué ou débité des armes prohibées par la loi ou par les règlements d'administration publique.

§ 2.

D'avoir, vers la même époque et au même lieu , été trouvé porteur d'une arme prohibée.

~~

Art. 2 de la loi du 24 mai 1834.

D'avoir, le....., à P....., été trouvé détenteur à son domicile de plus de cinq kilogrammes de poudre de guerre.

~~

Art. 3 de la loi du 24 mai 1834.

D'avoir, dans le courant du mois de....., débité ou mis en vente à P....., sans y être légalement autorisé , des armes de guerre.

~~

Art. 3 de la loi du 24 mai 1834.

D'avoir, le....., à P....., été trouvé détenteur, à son domicile, d'une arme de guerre sans y être légalement autorisé.

Association illicite.

—

Art. 291 et 292 du code pénal.

D'avoir, dans le courant du mois de....., à P....., fait partie d'une association ou réunion publique de plus de vingt personnes , formée, dans la maison du sieur A....., sans l'agrément ou l'autorisation du gouvernement.

Art. 294 du code pénal.

Le sieur A.....

De s'être, à la même époque et au même lieu, rendu complice du délit commis par les nommés...., en prêtant sciemment sa maison pour l'association ou réunion publique et illicite dont il vient d'être parlé ;

Ou tout au moins

D'avoir, sans la permission de l'autorité municipale, accordé ou consenti l'usage de sa maison pour ladite réunion publique et illicite.

SOCIÉTÉ SECRÈTE.

Art. 13 du décret des 28 juillet et 2 août 1848.

D'avoir, dans le courant du mois de....., en la commune de....., fait partie d'une société secrète.

Attroupement.

Art. 5 de la loi des 7-9 juin 1848.

D'avoir, le....., à P....., continué à faire partie d'un attroupement non armé, après les sommations faites par M. le maire de la commune de.....

Art. 6 de la loi des 7-9 juin 1848.

D'avoir, le....., à P....., par des discours proférés en public et par des écrits ou imprimés, affichés ou distribués, provoqué à un attroupement non armé.

Banqueroute simple.

—

Art. 584, 585, nᵒˢ 1, 2, 3, 4, du code de commerce.

Art. 402, § 2, du code pénal.

D'avoir, depuis moins de trois ans, en la commune de....., étant commerçant failli, commis le délit de banqueroute simple :

1º En faisant des dépenses personnelles ou pour sa maison jugées excessives ;

2º En consommant de fortes sommes soit à des opérations de pur hasard, soit à des opérations fictives de bourses ou sur marchandises ;

3º En se livrant à des emprunts, circulation d'effets et moyens ruineux de se procurer des fonds (*ou en faisant des achats pour revendre au-dessous du cours*), dans l'intention de retarder sa faillite ;

4º En payant, après cessation de ses payements, un créancier au préjudice de la masse.

Art. 584, 586, n°° 1, 2, 3, 4, 5 et 6, du code de commerce.

Art. 402, § 2, du code pénal.

D'avoir, depuis moins de trois ans, à P....., étant commerçant failli, commis le délit de banqueroute simple :

1° En contractant pour le compte d'autrui, sans recevoir des valeurs en échange, des engagements jugés trop considérables, eu égard à sa situation lorsqu'il les a contractés ;

2° En étant de nouveau déclaré en faillite sans avoir satisfait aux obligations d'un précédent concordat ;

3° En ne se conformant pas aux articles 69 et 70, alors qu'il était marié sous le régime dotal ou séparé de biens ;

4° En ne faisant pas au greffe, dans les trois jours de la cessation de ses payements, la déclaration exigée par les art. 438 et 439 du code de commerce (*ou* en faisant une déclaration qui ne contenait pas les noms de tous les associés solidaires) ;

5° En négligeant, sans empêchement légitime, de se présenter en personne au syndic de la faillite dans les cas et délais voulus par la loi ;

6° En ne tenant pas de livres et en ne faisant pas exactement inventaire ;

Ou en ne tenant des livres et en ne faisant des inventaires que d'une manière irrégulière et incomplète ou n'offrant pas sa véritable situation active ou passive, sans néanmoins qu'il y ait fraude.

Art. 584, 585, n° 3, 586, n°° 4 et 6, du code de commerce.

Art. 402, § 2, du code de commerce.

D'avoir, depuis moins de trois ans, à P....., étant commerçant failli, commis le délit de banqueroute simple, en se trouvant dans tous les cas prévus par les articles 585 et 586 du code de commerce, soit dans quelques-uns de ces cas seulement, et notamment en se livrant à des emprunts, circulation d'effets et moyens ruineux de se procurer des fonds dans l'intention de retarder sa faillite ;

En ne faisant pas au greffe, dans les trois jours de la cessation de ses payements, la déclaration exigée par les art. 438 et 439 du code de commerce ;

En ne faisant pas d'inventaire et en n'ayant pas tenu de livres ou en n'ayant tenu que des livres incomplets et irréguliers.

Blessures par imprudence.

—

Art. 320 (319) du code pénal.

D'avoir, le....., à P....., par maladresse, imprudence, inattention, négligence ou inobservation des règlements, causé involontairement des blessures au sieur A.....

(Voir Chemins de fer, Exercice illégal de la médecine).

Bris de scellés.

—

D'avoir, le....., à P....., été cause par sa négligence du bris de scellés à la garde desquels il avait été commis par une ordonnance de justice.

Avec cette circonstance que les scellés avaient été apposés sur un placard qui contenait des papiers concernant le nommé A....., accusé d'assassinat.

D'avoir, dans le courant du mois de....., en la commune de....., brisé à dessein (*ou* tenté de briser volontairement) des scellés apposés par suite d'une ordonnance de la justice sur un placard qui contenait des papiers concernant le nommé R....., accusé d'assassinat ;

Le nommé S.....

D'avoir volontairement participé au bris de scellés ou à la tentative de bris de scellés ci-dessus spécifié ;

Le nommé B.....

D'avoir commis ledit bris de scellés ou participé audit bris de scellés, alors qu'il en avait été constitué le gardien.

Art. 252, § 1er, du code pénal.

D'avoir, le....., à P....., volontairement brisé des scellés apposés sur un placard dans la maison du sieur A.....

Art. 252, § 2, du code pénal.

D'avoir, dans le courant du mois de....., volontairement brisé des scellés apposés par M. le juge de paix au domicile du sieur R....., à....., avec cette circonstance qu'il avait été préposé à la garde desdits scellés.

Chantage.

V. Extorsion (partie correctionnelle).

Chasse.

Art. 11 de la loi du 3 mai 1844.

N° 1er.

D'avoir, le....., chassé, sans être muni d'un permis, sur le territoire de la commune de.....

D'avoir, le....., en la commune de....., chassé à tir
(*ou* à courre) sans permis.

N° 2.

D'avoir, le même jour et au même lieu, chassé sur
le terrain d'autrui sans le consentement du propriétaire.

———

D'avoir, le même jour et en la même commune,
chassé, sans autorisation du propriétaire, dans des
vignes non dépouillées de leurs récoltes.

N° 3.

D'avoir, le....., alors que la terre était couverte de
neige, chassé dans une pièce de terre située dans la
commune de.....

———

D'avoir, le....., en la commune de....., contrevenu
à un arrêté de M. le Préfet de....., en date du.....,
concernant les oiseaux de passage (*ou* le gibier d'eau,
ou l'emploi des chiens lévriers, *ou* la destruction des
oiseaux, *ou* la destruction des animaux nuisibles ou
malfaisants).

N° 4.

D'avoir, le....., en la commune de....., pris et détruit sur le terrain d'autrui des couvées de perdrix.

Art. 12 de la loi du 3 mai 1844.

N° 1er.

D'avoir, le....., alors que la chasse était prohibée, chassé à tir sur le territoire de la commune de.....

D'avoir, le....., en la commune de....., chassé à courre en temps prohibé.

N° 2.

D'avoir, le....., chassé pendant la nuit (ou à l'aide d'engin prohibé) sur le territoire de la commune de.....

N° 3.

D'avoir, le....., en la commune de....., été trouvé détenteur, muni ou porteur, hors de son domicile, d'un engin de chasse prohibé.

N° 4.

D'avoir, le....., alors que la chasse était prohibée, mis en vente et vendu (ou acheté) du gibier sur la place du marché de.....

D'avoir, le....., alors que la chasse était prohibée, commis le délit de colportage de gibier, en transportant au village de..... un chevreuil qu'il avait tué légitimement sur son terrain.

N° 5.

D'avoir, le....., en la commune de....., employé des drogues ou appâts qui étaient de nature à détruire le gibier.

N° 6.

D'avoir, le....., en la commune de..... , chassé à l'aide d'une chanterelle (*ou* à l'aide d'appeaux).

Art. 13 de la loi du 3 mai 1844.

D'avoir, le....., en la commune de....., chassé, sans le consentement du propriétaire, sur un terrain attenant à une maison d'habitation, et entouré d'une clôture continue faisant obstacle à toute communication avec les héritages voisins.

Art. 14 (11) de la loi du 3 mai 1844.

D'avoir, le....., alors qu'il était en état de récidive, chassé, sans être muni d'un permis, sur le territoire de la commune de.....

Art. 27 (11) de la loi du 3 mai 1844.

D'avoir, dans le courant du mois de....., chassé ensemble et de concert, sur le territoire de la commune de....., sans être munis de permis.

(Art. 16, confiscation des armes et engins ; — 28, responsabilité des pères, mères, tuteurs, maîtres, etc.)

Chemins de fer.

Art. 19 de la loi du 15 juillet 1845.

D'avoir, le....., à P....., par maladresse, imprudence, inattention, négligence et inobservation des
règlements, involontairement causé, sur le chemin de
fer de Paris à Bordeaux, un accident qui a occasionné
la mort de six personnes et des blessures à plus de
vingt.

Art. 61, n° 1er, de l'ordonnance du 15 novembre 1846.

Art. 21 de la loi du 15 juillet 1845.

De s'être, le....., à P....., introduit sur la voie du
chemin de fer, et d'y avoir stationné et circulé sans
autorisation.

Art. 61, n° 2, de l'ordonnance du 15 novembre 1846, — et
21 de la loi du 15 juillet 1845.

D'avoir, le....., en la commune de....., contrevenu
à l'article 61, n° 2, de l'ordonnance du 15 novembre
1846, en jetant des pierres dans l'enceinte et sur la
voie même du chemin de fer.

Art. 21 de la loi du 15 juillet 1845.

D'avoir, en sa qualité de chargé du service de la
gare de....., contrevenu, le....., à l'article 3, § 2, de
l'ordre de service du....., en négligeant de remettre

14

au mécanicien et au conducteur un bulletin écrit indiquant avec précision l'heure à laquelle le train n° 1er, partant de P..... avec un retard de 30 minutes, devait arriver au dépôt de R.....

—

D'avoir, le....., à P....., en sa qualité de conducteur du train omnibus n° 1er, partant de P..... avec un retard de 30 minutes, contrevenu à l'article 5 de l'ordre de service du....., approuvé en exécution de l'art. 25 de l'ordonnance du 15 novembre 1846, en négligeant de faire arrêter ce train et de couvrir par les signaux d'usage, quand l'heure réglementaire de la machine de secours de R..... a été arrivée.

Art. 21 de la loi du 15 juillet 1845.

D'avoir contrevenu aux articles 30 et 35 de l'ordonnance du 15 novembre 1846, à l'article 10 du livret des signaux, en expédiant, le....., de la gare de P....., des trains spéciaux sans les avoir fait précéder des signaux prescrits.

Art. 21 de la loi du 15 juillet 1845, et 63, n° 1er, de l'ordonnance du 15 novembre 1846.

D'avoir, le....., à P....., pris place dans une voiture du chemin de fer de Paris à Bordeaux, sans avoir pris préalablement un billet.

—

De s'être placé, avec sa femme et ses enfants, dans une voiture d'une autre classe que celle qui était indiquée par les billets qu'il avait pris, et d'avoir ainsi, le....., effectué en chemin de fer le trajet de P..... à R.....

~~~

Art. 21 de la loi du 15 juillet 1845.

D'avoir, le....., à....., contrevenu à l'art. 3 de l'ordre général réglant les fonctions des aiguilleurs, et fait, par une fausse manœuvre, dérailler le train n° 105.

—

D'avoir, le....., au passage à niveau 235, commune de....., contrevenu aux art. 12 et 13, § 11, de l'instruction générale approuvée, le 22 juin 1855, par M. le Ministre des travaux publics : 1° en ne fermant pas la barrière à laquelle il était préposé comme garde ; 2° en ne se trouvant pas, le même jour, à ladite barrière, dix minutes avant l'arrivée du train de voyageurs n° 4.

—

D'avoir, le.. .., sur la ligne du chemin de fer de....., au lieu appelé le....., et bien que l'exécution de travaux exigeât que la circulation fût momentanément interrompue sur le point de la ligne de fer en réparation, négligé de couvrir ce point par un signal placé à une distance de mille mètres du lieu où la voie se trouvait obstruée. (Art. 33 de l'ordonnance du 15 novembre 1846.)

—

D'avoir, le....., contrevenu à l'art. 37 de l'ordonnance du 15 novembre 1846 sur la police des che-

mins de fer, en conduisant au delà de la station de.....
le train n° 3 qui devait s'y arrêter.

—

D'avoir, le....., en la commune de....., contrevenu
à l'article 59 de l'ordonnance du 15 novembre 1846
sur la police des chemins de fer, en négligeant de
donner avis à M. le commissaire de surveillance administrative d'un accident qui venait d'avoir lieu sur la
voie, près du poteau kilométrique n°.....

Coalition.

—

Art. 414 du code pénal, modifié par la loi des 11 octobre,
19 et 27 novembre, 1er décembre 1849.

N° 1er.

D'avoir, le....., à P....., par suite d'une coalition,
tenté de forcer injustement et abusivement l'abaisse-
ment des salaires à l'égard des ouvriers qu'ils faisaient
travailler.

N° 2.

D'avoir, le....., à P....., étant ouvriers, tenté et
commencé d'exécuter une coalition ayant pour but de
faire cesser en même temps de travailler dans les ateliers du chemin de fer, ainsi que de suspendre, empêcher, enchérir les travaux.

Art. 415 du code pénal, modifié par la loi du 1er décembre
1849.

D'avoir, le....., à P....., au chantier de....., où un
grand nombre d'ouvriers travaillaient, interrompu et
fait cesser le travail d'une grande partie de ces ouvriers, en les menaçant, s'ils ne cessaient pas leur
travail, de leur casser les reins et de les jeter à l'eau,
et, par conséquent, en prononçant des défenses, des
interdictions, des prescriptions menaçantes, afin
d'empêcher la continuation des travaux du chemin
de fer.

Art. 416 (414) du code pénal, modifié par la loi du 1er décembre 1849.

D'avoir, le....., en la commune de....., fait partie
d'une coalition d'ouvriers mineurs ou terrassiers,
comme chef ou moteur, à l'effet d'empêcher les ouvriers de se rendre au lieu de leur travail habituel.

Coloration de monnaies françaises ou étrangères.
Émission.

Art. 134 du code pénal.

D'avoir, depuis moins de trois ans, en la commune
de....., dans le but de tromper sur la nature du
métal et de les mettre ensuite en circulation avec

une valeur supérieure à leur valeur réelle, doré ou jauni d'une manière quelconque des monnaies d'argent à l'effigie de..... et au millésime de....., monnaies ayant cours légal en France.

—

D'avoir, le....., à....., participé à l'émission ou à l'introduction en France desdites monnaies, sachant qu'elles étaient ainsi colorées.

—

D'avoir, le....., à....., fait usage, en la donnant en payement à Jean B....., d'une pièce de 5 centimes des colonies qui avait été blanchie dans le but de lui attribuer la valeur de 2 francs, sachant que ladite pièce avait été colorée.

Art. 135 du code pénal.

D'avoir, le....., à....., donné en payement au sieur R..... pour une pièce de 2 fr. une pièce fausse qu'il avait reçue pour bonne, mais dont il avait plus tard vérifié le vice et qu'il savait être un sou blanchi.

Colportage illicite d'imprimés.

—

Art. 6 de la loi des 27-29 juillet 1849.

D'avoir, le....., à P....., colporté et vendu des gravures et des brochures sans avoir obtenu de M. le Préfet de..... la permission de vendre ces objets dans le département.

—

D'avoir, le....., à P....., distribué, sans autorisation préfectorale, un écrit ou imprimé en forme de prospectus, énonçant des faits de nature à tromper la crédulité publique et à faire croire à l'existence non reconnue par l'Église de grâces ou de vertus attachées à des gravures par lui mises en vente.

———

D'avoir, dans le courant du mois de....., en la commune de....., distribué ou fait distribuer, vendu ou fait vendre des paroissiens au *rite romain*, sans être, au préalable, pourvu de l'autorisation de M. le Préfet de....., prescrite par l'article 6 de la loi du 27 juillet 1849.

Art. 22 du décret organique des 17-23 février 1852.

D'avoir, le....., à P....., exposé et mis en vente des épreuves photographiques sans être pourvu de l'autorisation de M. le Préfet de.....

———

Complicité.

———

(*Voir* la partie criminelle.)

———

Complot.

—

Art. 89, § 4, du code pénal.

D'avoir, le....., à P....., proposé au sieur A..... de faire partie d'un complot ayant pour but de détruire ou de changer le gouvernement établi ou l'ordre de successibilité au trône, et d'exciter les citoyens ou habitants à s'armer contre l'autorité impériale.

Concussion.

—

Art. 174, § 2, du code pénal.

D'avoir, le....., à P....., commis une concussion en percevant ou en faisant percevoir ce qu'il savait ne lui être pas dû ou excéder ce qui lui était dû légitimement pour droit de plaçage à la foire de.....;

Lesquelles sommes ainsi indûment exigées ou reçues sont inférieures à 300 francs.

~~~

Art. 174, § 1, du code pénal.

D'avoir, dans le cours du mois de....., à....., étant commis de la perception de....., exigé et perçu, pour droits de contribution, des sommes qu'il savait n'être pas dues ou qui excédaient celles qui pouvaient être légitimement dues;

Lesquelles sommes indûment exigées ou reçues (*ou dont la perception a été ordonnée*) sont supérieures à la somme de 300 fr.

∿

Art. 174, § 2, du code pénal.

D'avoir, dans le cours du mois de....., à P....., le sieur R..... en sa qualité de percepteur, et le sieur V..... en sa qualité de commis à ladite perception, commis le délit de concussion en ordonnant de percevoir, en exigeant ou en recevant pour droits de contributions des sommes qu'ils savaient n'être pas dues ou excéder celles qui étaient dues ;

Lesquelles sommes indûment exigées ou reçues, ou dont la perception a été ordonnée, sont inférieures à 300 francs.

∿

Art. 174, § 3, du code pénal.

D'avoir, le....., à P....., étant employé à la perception de cette commune, commis le délit de tentative de concussion, en exigeant du sieur R....., pour droits de contributions, une somme de 10 fr. qu'il savait ne pas être due.

∿

Art. 174, § 4, du code pénal.

D'avoir, dans le cours du mois de....., à P....., exigé et perçu, en sa qualité d'huissier chargé de toucher les frais d'une adjudication pour le compte du sieur R....., une somme de 50 fr. qu'il savait ne pas lui être due.

Contrefaçon ou altération de clefs.

Art. 399, § 1er, du code pénal.

D'avoir, dans le courant du mois de....., en la commune de....., frauduleusement contrefait ou altéré des clefs.

D'avoir, le....., à P....., frauduleusement contrefait une clef en fabriquant un instrument dit rossignol, destiné à l'ouverture des serrures.

Art. 399, § 2, du code pénal.

D'avoir, le....., à P....., alors qu'il était serrurier de profession, frauduleusement contrefait ou altéré des clefs.

Contrefaçon d'écrits.

Art. 425, 427 et 429 du code pénal.

D'avoir, depuis moins de trois ans, à P....., frauduleusement contrefait une composition musicale, au mépris des lois et règlements relatifs à la propriété des auteurs.

Art. 426, 427, 429 du code pénal.

D'avoir, depuis la même époque et au même lieu , débité des ouvrages qu'il savait être contrefaits.

Les droits des auteurs sont établis par les lois du 19 juillet 1793 , décrets 1er-7 germinal an XIII, 5 février 1810, lois 3 août 1844 , 9 juin 1845, 28 mars 1852 et 8 avril 1854.

Contrefaçon d'un manége breveté.

Art. 40 (49) de la loi du 5 juillet 1844.

D'avoir, dans le courant du mois de....., frauduleusement contrefait le manége breveté au profit du sieur A....., le....., en fabriquant ou faisant fabriquer dans ses ateliers, à P....., un manége semblable.

Art. 41 (49) de la même loi.

D'avoir, le....., à P....., vendu ou mis en vente trois manéges ainsi contrefaits, sachant qu'ils étaient contrefaits.

Contrefaçon de sceaux, timbres et marques d'une autorité quelconque, de timbres-poste. — Usage.

—

Art. 142 du code pénal.

D'avoir, dans le cours de la présente année, à P....., frauduleusement contrefait un sceau et un cachet de l'Université de France.

—

D'avoir, vers la même époque et au même lieu, fait usage desdits sceau et cachet, sachant qu'ils étaient contrefaits, en appliquant leur empreinte sur des diplômes de docteurs en médecine et sur des titres d'officiers de santé paraissant délivrés au nom de l'Université.

—

D'avoir, dans le courant du mois de....., à P....., frauduleusement contrefait la marque destinée à être apposée sur les bestiaux avant leur admission à l'abattoir, conformément à un arrêté municipal.

—

D'avoir, vers la même époque et au même lieu, fait usage de cette marque fausse, sachant qu'elle était fausse, en présentant et faisant recevoir à l'abattoir un bœuf ainsi marqué.

—

D'avoir, le....., à P....., frauduleusement contrefait des timbres-poste.

———

D'avoir, à la même époque et au même lieu , fait sciemment usage desdits timbres-poste ainsi contrefaits.

———

Art. 143 du code pénal.

D'avoir, le....., à P....., s'étant procuré indûment la vraie marque destinée à être apposée sur les bestiaux avant leur admission à l'abattoir, frauduleusement fait (*ou* tenté de faire) une application ou un usage de cette marque préjudiciable aux droits ou intérêts de la commune de.....

———

Contre-seing.

———

Art. 6 et 8 du décret du 24 août 1848, et 5 de la loi du 27 prairial an IX.

D'avoir, le....., à P....., fait parvenir en franchise et sous son contre-seing un paquet contenant des lettres qui ne concernaient pas le service d'administration dont il est le chef.

———

D'avoir, le....., à P....., étant fonctionnaire et agent de l'administration, envoyé dans un paquet administratif et contre-signé par lui, afin de les affranchir des droits de poste, des lettres étrangères au service qui lui était confié.

Corruption.

—

Art. 179, 2ᵉ paragraphe, du code pénal.

D'avoir, le....., en la commune de......, contraint ou tenté de contraindre par voies de fait ou menaces, corrompu ou tenté de corrompre par promesses, offres, dons ou présents, un fonctionnaire public de l'ordre administratif, pour obtenir de lui un certificat constatant des faits contraires à la vérité, avec cette circonstance que lesdites tentatives de contrainte ou corruption n'ont eu aucun effet.

Coups et blessures volontaires.

—

Art. 309, § 1ᵉʳ, du code pénal.

D'avoir, le....., en la commune de....., volontairement porté des coups et fait des blessures à Auguste R..... ;

Lesquels coups et blessures, portés et faites volontairement, ont occasionné une incapacité de travail personnel pendant plus de vingt jours.

D'avoir, le....., en la commune de..... , volontairement porté des coups et fait des blessures au nommé
R....., ou commis toutes autres violences ou voies de
fait envers sa personne ;

Lesquels coups, blessures ou voies de fait ont occasionné une incapacité de travail personnel pendant
plus de vingt jours.

Art. 311, § 1er, du code pénal.

D'avoir, le....., à P....., volontairement porté des
coups et fait des blessures au sieur R....., *ou* commis
envers sa personne toutes autres violences ou voies de
fait.

Art. 311, § 2, du code pénal.

D'avoir, le....., à P....., avec préméditation (*ou*
guet-apens), volontairement porté des coups et fait
des blessures au sieur A....., ou commis envers sa
personne toutes autres violences ou voies de fait.

Art. 317 du code pénal.

D'avoir, le....., à P....., occasionné une maladie au
sieur R..... en lui administrant volontairement des
substances nuisibles à la santé.

Art. 228, § 1er, du code pénal.

D'avoir, le....., à P....., volontairement frappé M. A....., commissaire de police, alors que ce fonctionnaire était dans l'exercice de ses fonctions, *ou* commis envers lui toute autre violence ou voie de fait.

—

D'avoir, le même jour et au même lieu, volontairement porté un coup à un magistrat de l'ordre administratif dans l'exercice ou à l'occasion de l'exercice de ses fonctions, *ou* commis envers sa personne toute autre violence ou voie de fait.

Art. 228, § 2, du code pénal.

D'avoir, le....., à l'audience du tribunal de..... (ou de la cour d'assises de.....), volontairement frappé un magistrat dans l'exercice de ses fonctions, *ou* commis envers sa personne toute autre violence ou voie de fait.

Art. 230 du code pénal.

D'avoir, le....., à P....., volontairement porté des coups à un employé des contributions indirectes dans l'exercice de ses fonctions ou à l'occasion de cet exercice, *ou* commis envers sa personne toute autre violence ou voie de fait.

—

D'avoir, le....., en la commune de....., volontairement exercé des violences sur la personne du sieur R....., chef cantonnier, chargé d'un service public, pendant qu'il exerçait son ministère ou à cette occasion.

Cris séditieux.

Art. 8 de la loi du 25 mars 1822.

D'avoir, le....., à P....., proféré publiquement le cri séditieux de *Vive Henri V !*

Débit de boissons sans autorisation.

Art. 3 du décret du 29 décembre 1851, 10 janvier 1852.

D'avoir, dans le cours du mois de....., à P....., ouvert un cabaret ou débit de boissons à consommer sur place, sans en avoir préalablement obtenu l'autorisation.

D'avoir, dans le courant du mois de....., ouvert un café, cabaret ou débit de boissons à consommer sur place, contrairement à un arrêté de fermeture de M. le préfet d....., en date du.....

(*V.* art. 95 de la loi du 28 avril 1816.)

Défaut de déclaration de naissance.

—

Art. 346 du code pénal.

De n'avoir pas déclaré à l'officier de l'état civil de la commune de....., dans les délais fixés par l'article 55 du Code Napoléon, la naissance de l'enfant dont est accouchée en sa présence, le....., la femme R.....

Dégradation d'un pont.

—

Art. 257 du code pénal.

D'avoir, le....., en la commune de....., volontairement dégradé un pont destiné à l'utilité publique et élevé par les soins de l'administration ;

Ou détruit, abattu, mutilé ou dégradé des monuments, des statues ou autres objets destinés à l'utilité ou à la décoration publique, et élevés par l'autorité publique ou avec son autorisation.

Dénonciation calomnieuse.

Art. 373 du code pénal.

D'avoir, dans le courant du mois de....., à P....., fait par écrit une dénonciation calomnieuse contre le sieur R....., journalier à.....

D'avoir, le....., à P....., fait par écrit, à la gendarmerie, une dénonciation calomnieuse contre le sieur V....., en le désignant méchamment et pour satisfaire à un sentiment de haine et de vengeance, comme l'auteur de l'assassinat du nommé S.....

Destruction de pièces.

Art. 439, § 2, du code pénal.

D'avoir, le....., à P....., volontairement détruit un acte sous seing privé contenant une obligation par lui contractée.

D'avoir, le même jour et au même lieu, volontairement brûlé et détruit la grosse d'un jugement contenant obligation au profit de Pierre V.....

Destruction de clôtures.

—

Art. 456 du code pénal.

D'avoir, le....., à P....., volontairement détruit en tout ou en partie les clôtures d'une maison appartenant au sieur R.....

—

D'avoir, le....., à....., volontairement brisé un carreau de vitre d'une fenêtre servant de clôture à la maison du sieur R.....

—

D'avoir, le....., volontairement détruit des clôtures au préjudice et au domicile du sieur R....., propriétaire à....., en enlevant, au moyen d'un instrument quelconque, les serrures qui tenaient fermées les portes de la maison dudit R.....

—

D'avoir, le même jour et au même lieu, volontairement et méchamment comblé un fossé et arraché des haies sèches appartenant au sieur V.....

(*V*. SUPPRESSION OU DÉPLACEMENT DE BORNES.)

Détérioration de marchandises.

Art. 443 du code pénal.

§ 1er.

D'avoir, dans le courant du mois de....., en la commune de....., à l'aide d'une liqueur corrosive ou par tout autre moyen, volontairement détérioré des marchandises, matières ou instruments quelconques servant à la fabrication et appartenant au sieur B.....

§ 2.

Avec cette circonstance que le fait ci-dessus spécifié a été commis par un ouvrier de la fabrique du sieur B.....

Détournement par un dépositaire public.

Art. 171 du code pénal.

D'avoir, depuis moins de trois ans, à P....., où il était percepteur ou comptable public, détourné ou soustrait frauduleusement des deniers publics qui étaient entre ses mains en vertu de ses fonctions, avec cette circonstance que les valeurs ainsi détournées ou soustraites étaient au-dessous de 3,000 fr., somme inférieure à son cautionnement.

Art. 171 du code pénal.

D'avoir, dans le courant de l'année....., au bureau de poste de....., détourné ou soustrait frauduleusement diverses sommes d'argent qui lui avaient été confiées, à raison de ses fonctions, par les nommés...., pour l'affranchissement de plusieurs lettres, avec cette circonstance que toutes les valeurs ainsi détournées ou soustraites sont au-dessous de 3,000 fr. et inférieures aux mesures exprimées en l'article 170 du code pénal.

———

D'avoir, le....., à....., pendant qu'il était maire de la commune de....., détourné à son profit des deniers d'une valeur inférieure à 3,000 fr., dont il était momentanément le dépositaire public, et qu'il devait employer à solder les travaux exécutés par les ateliers de charité de sa commune.

———

Détournement d'objets saisis.

———

Art. 400, § 3, 406 du code pénal.

D'avoir, le....., à P....., frauduleusement détruit, détourné (*ou* frauduleusement tenté de détruire ou détourner) des objets saisis sur lui et confiés à sa garde.

Art. 400, § 4, 401 du code pénal.

D'avoir, le....., en la commune de....., frauduleusement détruit, détourné (*ou* frauduleusement tenté
de détruire ou de détourner) des effets saisis sur lui
et dont la garde avait.été confiée à un tiers.

Art. 400, § 5, 401 du code pénal.

D'avoir, le....., à P....., frauduleusement détruit ou
détourné (*ou* frauduleusement tenté de détruire ou de
détourner) des objets par lui donnés-à titre de gages
au sieur R.....

Art. 400, § 6, 406 *ou* 401 du code pénal.

D'avoir, le même jour et au même lieu, sciemment
aidé son père dans la destruction, le détournement (*ou*
dans la tentative de destruction ou de détournement)
des objets saisis, confiés à la garde de ce dernier (*ou*
confiés à la garde d'un tiers, *ou* par lui donnés à titre
de gages).

Art. 400, §§ 6, 401, 62 du code pénal.

D'avoir, le même jour et au même lieu, recélé
sciemment une partie des objets saisis sur le nommé
R....., objets dont la garde avait été confiée à un tiers
(*ou* par lui donnés à titre de gages).

Dévastation de récoltes.

Art. 444 du code pénal.

D'avoir, le....., en la commune de....., dévasté méchamment une vigne appartenant au sieur M....., en coupant plusieurs souches et en détachant des grappes d'un grand nombre de ceps (*ou* dévasté méchamment des récoltes sur pied ou des plants venus naturellement ou faits de main d'homme).

Diffamation.

ENVERS UN AGENT DE L'AUTORITÉ PUBLIQUE.

Art. 13, § 1er, 16 de la loi du 17 mai 1819.

D'avoir, le....., en la commune de....., diffamé, à raison de ses fonctions, un agent de l'autorité publique, en disant dans une auberge, en présence de plusieurs personnes, qu'il était.....

ENVERS UN PARTICULIER.

Art. 13, § 1er, 18 de la loi du 17 mai 1819.

D'avoir, le....., à P....., diffamé le sieur R....., en disant sur la voie publique, en présence de plusieurs personnes, qu'il était.....

Élections.

—

Art. 35 du décret organique du 2 février 1852 (111 du code pénal.

D'avoir, le....., en la commune de....., étant chargé, dans un scrutin, du dépouillement des billets contenant les suffrages des citoyens, soustrait frauduleusement de la masse un certain nombre de ces billets.

—

D'avoir, le....., à....., étant chargé, dans un scrutin, de recevoir, compter et dépouiller les bulletins contenant les suffrages des citoyens, frauduleusement soustrait, ajouté ou altéré des bulletins (*ou* lu des noms autres que ceux inscrits sur les bulletins).

~~~

Art. 36 du même décret.

D'avoir, le même jour et au même lieu, inscrit sur les billets de plusieurs votants illettrés des noms autres que ceux qui lui avaient été déclarés.

~~~

Art. 38 du même décret.

§ 1er.

D'avoir donné, promis ou reçu des deniers, effets ou valeurs quelconques, sous la condition de donner ou de procurer un suffrage, soit de s'abstenir de voter.

§ 2.

Ou fait l'offre ou la promesse d'emplois publics ou privés à certains électeurs du canton de....., sous la condition soit de procurer un suffrage, soit de s'abstenir de voter.

§ 3.

Avec cette circonstance que le prévenu était, au moment du délit, fonctionnaire public.

Art. 39 du même décret.

D'avoir, le....., à....., influencé le vote de certains électeurs, soit par voies de fait, violences ou menaces, soit en leur faisant craindre de perdre leur emploi, ou d'exposer à un dommage leurs personnes, leur famille ou leur fortune;

Ou d'avoir, soit par voies de fait, violences, etc., déterminé plusieurs électeurs à s'abstenir de voter;

Avec cette circonstance que le prévenu était, au moment du délit, fonctionnaire public.

Art. 40 du même décret.

D'avoir, le....., à P....., déterminé, à l'aide de fausses nouvelles, bruits calomnieux et manœuvres frauduleuses, un ou plusieurs électeurs à s'abstenir de voter.

Art. 4 de la loi du 31 mai 1850.

D'avoir, le....., à P....., délivré, dans les formes indiquées par l'article 3, n° 3, de la loi du 31 mai 1850,
une fausse déclaration tendant à faire inscrire indûment le sieur R..... sur les listes électorales de la commune de.....

Émission de fausse monnaie.

(*Voir* COLORATION DE MONNAIES FRANÇAISES OU ÉTRAN-
GÈRES.)

Enlèvement de mineure.

Art. 356, § 2, du code pénal.

D'avoir, le....., à P....., alors qu'il n'avait pas vingt
et un ans, entraîné et détourné du domicile de ses
parents Clémentine B....., âgée de seize ans.

Enlèvement de pièces dans un dépôt public.

—

Art. 254 du code pénal.

D'avoir, dans le courant du mois de....., à P....., par sa négligence et son défaut de surveillance, été la cause du détournement des registres de l'état civil de la commune de....., déposés au greffe du tribunal civil, et dont il était le dépositaire public en sa qualité de greffier.

Entraves au libre exercice des cultes.

—

Art. 260 du code pénal.

D'avoir, le....., à P....., par des voies de fait ou des menaces, contraint ou empêché le sieur R..... d'assister à l'exercice d'un culte légalement autorisé par l'État.

—

Art. 261 du code pénal.

D'avoir, le même jour et au même lieu, troublé les exercices du culte catholique en se plaçant intérieurement derrière la porte de l'église pour empêcher les fidèles d'entrer et d'assister à la messe.

—

D'avoir, le même jour et au même lieu, volontairement empêché, retardé ou interrompu les exercices
du culte catholique par des troubles ou désordres
causés dans le cimetière, lieu destiné ou servant actuellement auxdits exercices.

Art. 262 du code pénal.

D'avoir, le....., à P....., par paroles, gestes ou attitudes inconvenantes, outragé des objets du culte catholique dans l'église de..... ou dans le cimetière
de....., lieu destiné ou servant actuellement à son
exercice.

Art. 262 du code pénal, et art. 5 du décret du 11 août 1848.

D'avoir, le même jour et au même lieu, outragé
publiquement, par paroles, gestes ou attitudes inconvenantes, le ministre d'un culte légalement reconnu
par l'État, pendant qu'il exerçait les fonctions de son
ministère.

Entraves à la liberté des enchères.

Art. 412 du code pénal.

D'avoir, le....., au moment où une adjudication
d'effets militaires avait lieu à la caserne de...., à P....,
entravé ou troublé la liberté des enchères par voies de
fait, violences ou menaces.

D'avoir, le même jour et au même lieu, à l'occasion de la même adjudication, écarté par dons ou promesses quelques-uns des enchérisseurs.

Entraves à la circulation des grains.

—

Art. 2 de la loi du 21 prairial an V.

D'avoir, le....., à P....., porté atteinte à la libre circulation des grains, en déchargeant les charrettes des marchands, en forçant ces derniers à les livrer sur-le-champ et en s'opposant à ce que les grains fussent transportés ailleurs.

Escroqueries.

—

Art. 405 du code pénal.

EN FAISANT USAGE D'UN FAUX NOM.

D'avoir, le....., à P....., en faisant usage d'un faux nom, obtenu du sieur R..... (*ou* tenté d'obtenir) la remise d'un kilogramme de sucre, et d'avoir ainsi escroqué (*ou* tenté d'escroquer) partie de la fortune d'autrui.

EN FAISANT USAGE D'UNE FAUSSE QUALITÉ.

D'avoir, vers la même époque et au même lieu, en faisant usage de la fausse qualité de courtier en vins, obtenu (*ou* tenté d'obtenir) la livraison d'une barrique de vin appartenant au sieur B....., et d'avoir ainsi escroqué (*ou* tenté d'escroquer) une partie de la fortune de ce propriétaire.

EN EMPLOYANT DES MANŒUVRES FRAUDULEUSES.

D'avoir, dans les premiers jours du mois de....., en la commune de....., en employant des manœuvres frauduleuses pour persuader l'existence d'un pouvoir ou d'un crédit imaginaire, ou pour faire naître la crainte ou l'espérance d'un succès ou de tout autre événement chimérique, notamment en se faisant remettre un gilet qu'il devait préparer d'une certaine manière, et qui serait ensuite porté par le fils R..... au moment du tirage, et en persuadant ainsi aux époux R..... qu'il leur procurerait l'exemption du service militaire de leur fils, jeune conscrit de la classe de 18....., déterminé la femme R..... à lui remettre la somme de 50 fr., et d'avoir ainsi escroqué tout ou partie de la fortune d'autrui.

D'avoir, à la même époque et au même lieu, soit en faisant usage de fausse qualité, soit en employant des manœuvres frauduleuses pour persuader l'existence d'un pouvoir imaginaire et pour faire naître l'espérance de guérison, obtenu la remise de diverses sommes d'argent (*ou* tenté de se faire remettre ou délivrer diverses sommes d'argent), et d'avoir par ce moyen escroqué *ou* tenté d'escroquer tout ou partie de la fortune d'autrui, notamment au préjudice des sieurs.....

—

D'avoir, depuis moins de trois ans, en la commune de....., à l'aide de manœuvres frauduleuses tendant à persuader l'existence d'un pouvoir ou d'un crédit imaginaire, escroqué partie de la fortune du sieur R....., aubergiste, en se faisant servir plusieurs repas et en se faisant remettre plusieurs objets mobiliers par ledit R.....

—

D'avoir, le....., à....., à l'aide de manœuvres frauduleuses pour persuader l'existence de fausses entreprises, d'un pouvoir ou d'un crédit imaginaire, ou pour faire naître l'espérance ou la crainte d'un succès, d'un accident ou de tout autre événement chimérique, escroqué partie de la fortune d'autrui en se faisant remettre par la Compagnie du chemin de fer d'Orléans le prix de sa place de P..... à R.....

—

D'avoir, dans le courant du mois de....., à P....., en employant des manœuvres frauduleuses pour persuader l'existence de fausses entreprises, d'un pouvoir ou d'un crédit imaginaire, ou pour faire naître l'espérance ou la crainte d'un succès, d'un accident ou de tout autre événement chimérique, obtenu la remise du sieur R..... ou tenté de se faire remettre ou délivrer par le sieur R..... des fonds, des meubles ou des obligations, etc., et d'avoir ainsi escroqué ou tenté d'escroquer tout ou partie de la fortune d'autrui.

État civil (délits relatifs à la tenue des registres de l').

Art. 192 du code pénal.

D'avoir, dans le courant du mois de....., alors qu'il était maire de la commune de....., inscrit des actes de l'état civil sur de simples feuilles volantes.

Art. 193 du code pénal.

D'avoir, le....., étant officier de l'état civil de la commune de....., procédé au mariage du sieur R..... sans s'être assuré du consentement des père et mère de ce dernier.

Art. 194 du code pénal.

D'avoir, le....., étant officier de l'état civil de la commune de...., procédé au mariage de la veuve S.... avant le temps prescrit par l'article 228 du Code Napoléon.

Art. 199 du code pénal.

D'avoir, le....., à P....., étant ministre d'un culte, procédé aux cérémonies religieuses d'un mariage sans qu'il lui ait été justifié d'un acte de mariage préalablement reçu par les officiers de l'état civil.

Évasion.

Art. 238 du code pénal.

§ 1er.

D'avoir, le....., à P....., par sa négligence et son défaut de surveillance, été la cause de l'évasion du nommé B....., condamné à deux ans d'emprisonnement par le tribunal correctionnel de....., et à la garde duquel il était préposé en sa qualité de gardien de la maison d'arrêt de.....

§ 2.

D'avoir, le....., à P....., par connivence, procuré ou facilité l'évasion du nommé R....., condamné à une peine de deux ans d'emprisonnement, et à la garde duquel il était préposé en sa qualité de gardien de la maison d'arrêt de.....

§ 3.

D'avoir, le....., alors qu'il était détenu dans la maison d'arrêt de....., procuré ou facilité l'évasion du nommé R....., condamné à une peine de six mois d'emprisonnement.

Art. 239, § 1er, du code pénal.

D'avoir, le...., étant préposé à la garde du nommé R....., détenu à la prison de....., été la cause, par sa négligence et son défaut de surveillance, de l'évasion de ce détenu, condamné, le 2 septembre précédent, à 20 ans de travaux forcés pour vol par la cour d'assises de.....

Art. 239, § 3, du code pénal.

D'avoir, le....., alors qu'il était détenu dans la maison d'arrêt de....., procuré ou facilité l'évasion du nommé R....., accusé d'un crime pouvant entraîner contre lui une peine afflictive à temps.

Art. 240 du code pénal.

§ 1er.

D'avoir, le....., par sa négligence ou son défaut de surveillance, été cause de l'évasion du nommé S....., condamné à une peine perpétuelle, et à la garde duquel il était préposé en sa qualité de gardien de la maison d'arrêt de.....

§ 2.

D'avoir, le....., alors qu'il était détenu dans la maison d'arrêt de....., procuré ou facilité l'évasion de deux prisonniers, dont l'un était condamné à une peine perpétuelle.

Art. 241 du code pénal.

§ 1er.

D'avoir, le....., alors qu'il était détenu dans la maison d'arrêt de....., procuré ou facilité, en fournissant des instruments propres à l'opérer, l'évasion du nommé R....., condamné à une peine correctionnelle ;
Avec cette circonstance que l'évasion a eu lieu avec violence et bris de prison.

§ 2.

D'avoir, le....., alors qu'il était détenu dans la maison d'arrêt de....., procuré ou facilité, en fournissant des instruments propres à l'opérer, l'évasion du nommé V....., condamné à 20 ans de travaux forcés pour vol par la cour d'assises de..... ;
Avec cette circonstance que ladite évasion a eu lieu avec violence et bris de prison.

§ 3.

D'avoir, le....., alors qu'il était détenu dans la maison d'arrêt de....., procuré ou facilité, en fournissant des instruments propres à l'opérer, l'évasion du nommé B....., condamné à une peine perpétuelle ;

Avec cette circonstance que l'évasion a eu lieu avec violence et bris de prison.

Art. 245 du code pénal.

D'avoir, dans la nuit du 14 au 15 novembre dernier, tenté, par bris de prison, de s'évader de la maison d'arrêt de....., où il était détenu.

Art. 245 du code pénal.

D'avoir, le....., alors qu'il était détenu dans la chambre de sûreté de....., brisé la serrure de la porte de cette prison et de s'être ensuite évadé.

(V. RECEL de condamnés évadés.)

Excitation à la débauche.

Art. 334, § 1er (335), du code pénal.

D'avoir, depuis moins de trois ans, à P....., attenté aux mœurs en excitant, favorisant ou facilitant habituellement la débauche ou la corruption de la jeunesse de l'un ou de l'autre sexe au-dessous de l'âge de vingt-un ans, et notamment des nommées.....

Art. 334, § 2 (335), du code pénal.

D'avoir, dans le courant du mois de....., à P....., attenté aux mœurs en excitant, favorisant ou facilitant habituellement la débauche ou la corruption de Marie R....., sa'fille, âgée de moins de vingt-un ans (*ou* avec cette circonstance qu'il était chargé, en qualité de....., de la surveillance de ladite Marie R.....).

Excitation à la haine ou au mépris du gouvernement.

Art. 4 du décret du 11 août 1848.

D'avoir, dans le courant du mois de....., à P....., ensemble et de concert, par l'un des moyens énoncés en l'art. 1er de la loi du 17 mai 1819, excité à la haine ou au mépris du gouvernement de l'Empereur, en publiant, le premier comme auteur, et le second comme imprimeur, une brochure politique ayant pour titre :.....

D'avoir, le....., à P....., excité à la haine et au mépris du gouvernement de l'Empereur, en proférant publiquement les propos suivants :.....

Excitation au mépris ou à la haine des citoyens les uns contre les autres.

—

Art. 7 (6) du décret du 11 août 1848.

D'avoir, dans le courant du mois de....., à P....., ensemble et de concert, par l'un des moyens énoncés en l'art. 1er de la loi du 17 mai 1819, cherché à troubler la paix publique, en excitant le mépris ou la haine des citoyens les uns contre les autres, en publiant, le premier comme auteur, et le second comme imprimeur, une brochure politique ayant pour titre :.....

Art. 7 (6) du décret du 11 août 1848.

D'avoir, le....., à P....., par des discours proférés dans des lieux publics, cherché à troubler la paix publique en excitant le mépris ou la haine des citoyens les uns contre les autres, en disant :.....

—

D'avoir, le....., à P....., cherché à troubler la paix publique en excitant le mépris ou la haine des citoyens les uns contre les autres en disant publiquement :.....

Exercice de l'autorité publique illégalement anticipé ou prolongé.

—

Art. 196 du code pénal.

D'avoir, le....., en la commune de....., commencé l'exercice de ses fonctions de commissaire de police sans avoir prêté préalablement serment en cette qualité.

~~~

Art. 197 du code pénal.

D'avoir, dans le courant du mois de....., à P....., alors qu'il avait été révoqué et qu'il avait eu officiellement connaissance de sa révocation, continué l'exercice de ses fonctions de commissaire de police, en procédant à une enquête contre le nommé R....., inculpé de vol.

———

Exercice illégal de la médecine.

—

PAR UN INDIVIDU QUI PREND LE TITRE DE DOCTEUR
OU D'OFFICIER DE SANTÉ.

Art. 1er, 35, 36 de la loi du 19 ventôse an XI (10 mars 1803).

D'avoir, dans le courant du mois de....., en divers lieux, et notamment dans la commune de....., exercé illégalement la médecine en prenant le titre de doc-

teur (*ou* d'officier de santé), sans avoir obtenu ni diplôme, ni certificat, ni lettre de réception.

~~~

PAR UN INDIVIDU QUI NE PREND AUCUN TITRE.

Art. 1er, 35 de la loi du 19 ventôse an XI, art. 466 du code
pénal.

D'avoir, dans le courant de l'année 186....., à P....,
exercé illégalement l'art de la médecine sans avoir
satisfait aux prescriptions des art. 1er et 35 de la loi du
19 ventôse an XI.

~~~

EXERCICE ILLÉGAL DE L'ART DE LA CHIRURGIE.

D'avoir, à la même époque et au même lieu, exercé
illégalement l'art de la chirurgie.

~~~

EXERCICE ILLÉGAL DE L'ART DES ACCOUCHEMENTS.

Art. 1er, 35, 36 de la loi du 19 ventôse an XI.

D'avoir, dans le courant du mois de....., en la commune de....., pratiqué illégalement l'art des accouche-
ments.

~~~

EXERCICE ILLÉGAL DE LA MÉDECINE ET DE LA CHIRURGIE.

Art. 1er, 35 de la loi du 19 ventôse an XI, 466 du
code pénal.

D'avoir contrevenu aux dispositions des articles 1er
et 35 de la loi du 19 ventôse an XI, en se livrant depuis

moins de trois ans, à P..... et dans les lieux environnants, à l'exercice de la médecine et de la chirurgie, sans avoir été examiné et reçu, ainsi qu'il est prescrit par la loi du 19 ventôse an XI, et sans être muni de certificat, diplôme ou lettre de réception.

(BLESSURES PAR IMPRUDENCE.)

Art. 320 du code pénal.

D'avoir, depuis la même époque et aux mêmes lieux, causé des blessures aux nommés..... par son imprudence, son inattention et son inobservation des règlements.

(*Voir* ESCROQUERIE.)

Exposition d'enfant.

Art. 347 du code pénal.

D'avoir, le....., contrevenu à l'art. 58 du Code Napoléon, en ne remettant pas à l'officier de l'état civil un enfant nouveau-né qu'il avait trouvé sur le territoire de la commune de.....

Art. 348 du code pénal.

D'avoir, le....., porté à l'hospice de..... un enfant au-dessous de l'âge de sept ans accomplis, qui lui avait été confié pour qu'il en prît soin.

Art. 349 du code pénal.

D'avoir, le....., en la commune de....., exposé et délaissé en un lieu solitaire un enfant au-dessous de l'âge de sept ans accomplis.

Art. 350, 349 du code pénal.

D'avoir donné l'ordre de faire cette exposition alors qu'elle était la mère de l'enfant ainsi exposé.

Art. 351, § 1er (349), du code pénal.

D'avoir, le....., en la commune de....., exposé et délaissé en un lieu solitaire un enfant dont elle venait d'accoucher ;

Lequel enfant est demeuré estropié par suite de cette exposition et de ce délaissement.

Art. 352 du code pénal.

D'avoir, le....., en la commune de....., exposé et délaissé en un lieu non solitaire un enfant au-dessous de l'âge de sept ans accomplis.

Art. 353 du code pénal.

D'avoir commis le délit ci-dessus spécifié alors qu'il était le tuteur (*ou* l'instituteur) de l'enfant ainsi exposé et délaissé (*ou* qu'elle était la tutrice ou l'institutrice de.....).

Extorsion (chantage).

—

Art. 400, § 2, du code pénal.

D'avoir, le....., à P....., à l'aide de menaces écrites ou verbales, de révélations ou d'imputations diffamatoires, extorqué ou tenté d'extorquer au sieur M..... la signature d'un écrit opérant à son profit décharge d'une somme de 300 francs qu'il lui devait ;

Ou la remise d'une somme de 500 francs ;

Ou la signature d'un billet par lequel le sieur M..... se reconnaissait débiteur envers lui d'une somme de 300 francs.

Fausse nouvelle.

—

Art. 15 du décret organique des 17-23 février 1852.

D'avoir, le....., à P....., publié de mauvaise foi une nouvelle fausse de nature à troubler la paix publique, en disant en présence des sieurs....., qui l'ont répété, que.....

—

D'avoir, dans le courant du mois de....., à P....., ensemble et de concert, publié et reproduit de mauvaise foi une nouvelle fausse ou pièce mensongèrement attribuée à un tiers, ou tout au moins falsifiée et de nature à troubler la paix publique, en publiant, le premier comme auteur, et le second comme imprimeur, une brochure politique ayant pour titre :..... et contenant sur le compte du sieur R..... le passage suivant :.....

Faux commis dans les passe-ports, les permis de chasse; usage.

Art. 153 du code pénal.

D'avoir, depuis moins de trois ans, en la commune de....., frauduleusement fabriqué un faux passeport (*ou* un permis de chasse) au nom du sieur R.....

D'avoir, depuis moins de trois ans, à P....., frauduleusement falsifié le passe-port qui lui avait été délivré par M. le Préfet de....., le....., en faisant disparaître dudit passe-port la lettre C, qui indiquait sa véritable position, et en substituant les mots :..... aux mots :.....

D'avoir, dans le cours du mois de....., à P....., frauduleusement falsifié un passe-port originairement véritable, et d'avoir fait sciemment usage de ce passe-port falsifié en le présentant aux agents de l'autorité administrative.

—

D'avoir, depuis moins de trois ans, à P....., frauduleusement falsifié le permis de chasse qui lui avait été délivré par M. le Préfet de....., en changeant la date de la délivrance de ce permis de chasse.

—

D'avoir, le....., en la commune de....., fait sciemment usage de ce permis de chasse ainsi falsifié en le présentant aux gendarmes R..... et S.....

~~

Art. 154 du code pénal.

D'avoir, le....., à P.....,, pris frauduleusement, dans un passe-port un nom autre que le sien ;
(*Ou* concouru comme témoin à faire délivrer au sieur R..... un passe-port sous un nom supposé). .

—

D'avoir, le....., à P....., pris frauduleusement, dans un permis de chasse, un nom autre que le sien (*ou* concouru, comme témoin, à faire délivrer au sieur R..... un permis de chasse sous un nom supposé).

—

D'avoir, le....., en la commune de....., fait sciemment usage d'un passe-port (*ou* d'un permis de chasse) délivré sous un autre nom que le sien.

—

D'avoir, le....., à P....., inscrit sciemment sur ses registres, sous un nom faux ou supposé, le sieur R....., qui était logé dans son auberge.

—

D'avoir, le....., à P.... , étant de connivence avec le sieur R....., omis à dessein d'inscrire son nom sur ses registres.

Art. 155 du code pénal.

§ 1er.

D'avoir, le....., en la commune de....., agissant en qualité d'officier public, délivré ou fait délivrer un passe-port à un individu qu'il ne connaissait pas personnellement, et sans avoir fait attester ses noms et qualité par deux citoyens à lui connus;

§ 2.

D'avoir, le....., en la commune de....., agissant en qualité d'officier public et alors qu'il connaissait le véritable nom du sieur V....., délivré ou fait délivrer à ce dernier un passe-port sous un nom supposé.

Faux commis dans les feuilles de route et livrets d'ouvrier.—Usage.

Art. 156 du code pénal.

§ 1er.

D'avoir, dans le courant du mois de....., à P....., frauduleusement fabriqué une fausse feuille de route.

—

D'avoir, vers la même époque et au même lieu, frauduleusement falsifié une feuille de route originairement véritable.

—

D'avoir, vers la même époque et au même lieu, fait sciemment usage de ladite feuille de route ainsi fabriquée (*ou* falsifiée).

§ 2.

D'avoir, le....., en la commune de....., fait sciemment usage d'une feuille de route falsifiée, avec cette circonstance que le Trésor lui a payé des frais de route qui ne lui étaient pas dus, ou qui excédaient ceux auxquels il pouvait avoir droit.

§ 3.

Avec cette circonstance que le porteur de ladite feuille de route a reçu indûment une somme s'élevant à cent francs.

Art. 157 du code pénal.

De s'être, le....., en la commune de....., fait délivrer par un officier public une feuille de route sous un nom supposé (*ou* autre que le sien).

—

D'avoir, le....., en la commune de....., fait sciemment usage d'une feuille de route délivrée sous un autre nom que le sien.

Art. 158 du code pénal.

§ 1er.

D'avoir, le....., en la commune de....., agissant en qualité d'officier public, et alors qu'il connaissait le véritable nom du sieur V....., délivré à ce·dernier sous un nom supposé une feuille de route ;

Laquelle feuille de route avait pour but de tromper la surveillance de l'autorité publique.

§ 2.

Avec cette circonstance que le Trésor a payé au porteur de la fausse feuille des frais qui ne lui étaient pas dus ou qui excédaient ceux auxquels il pouvait avoir droit.

Art. 12 de la loi du 22 juin 1854.

D'avoir, depuis moins de trois ans, en la commune de....., frauduleusement falsifié un livret d'ouvrier,

17

originairement véritable, et fait sciemment usage de
ce livret ainsi falsifié.

—

D'avoir, dans les premiers jours du mois de....., à
P....., fait sciemment usage d'un livret qui ne lui appartenait pas, en le présentant au visa du commissaire de police de.....

Faux commis dans les certificats.

—

Art. 159 du code pénal.

D'avoir, le....., en la commune de....., pour se rédimer d'un service public, fabriqué sous le nom d'un
médecin un certificat de maladie (*ou* constatant une
infirmité).

Art. 160, § 1er, du code pénal.

D'avoir, le....., en la commune de....., dans le but
de favoriser le sieur A....., désigné pour faire partie
du jury, certifié faussement, en sa qualité de médecin,
que le sieur A..... était atteint d'une maladie qui ne
lui permettait pas de remplir les fonctions de juré.

Art. 160, § 2, du code pénal.

D'avoir, le....., à P....., après avoir agréé des offres
ou promesses, ou reçu des dons ou présents, dans le

but de favoriser le sieur B....., désigné pour faire partie du jury, certifié faussement, en sa qualité de médecin, des maladies ou infirmités propres à dispenser ledit B..... d'un service public.

Art: 161 du code pénal.

§ 1er.

D'avoir, dans le cours du mois de....., en la commune de....., frauduleusement fabriqué au profit du nommé R..... un faux certificat de bonne conduite, en contrefaisant les signatures des membres du conseil d'administration du 6e régiment de chasseurs, dans lequel avait servi le nommé R.....

§ 2.

D'avoir, vers la même époque et au même lieu, falsifié un certificat de libération du service militaire originairement véritable, pour l'approprier à une personne autre que celle à laquelle il avait été primitivement délivré.

§ 3.

D'avoir fait sciemment usage de ces faux certificats en les présentant, dans le mois de décembre dernier, au colonel du 11e régiment de chasseurs à cheval, à P....., dans le but de remplacer le nommé B.....

. D'avoir, dans le cours du mois de....., en la commune de....., frauduleusement fabriqué au profit du
sieur R..... un certificat de bonne conduite paraissant
émané du sieur V....., au service duquel le sieur
R..... avait été employé en qualité de domestique.

Faux témoignage.

FAUX TÉMOIGNAGE EN MATIÈRE CORRECTIONNELLE , *sans
réception d'argent, d'une récompense quelconque ou
de promesses.*

Art. 362 du code pénal.

§ 1er.

D'avoir, le....., à l'audience publique du tribunal
de....., commis un faux témoignage, en matière correctionnelle, contre le sieur B..... (*ou* en faveur du
sieur B.....), prévenu de coups et blessures volontaires.

§ 2.

D'avoir, le....., à l'audience publique du tribunal
de....., commis un faux témoignage, en matière correctionnelle, contre le sieur B..... (*ou* en faveur du
sieur B.....), prévenu de vol, avec cette circonstance
que ledit B..... a été condamné à plus de cinq années
d'emprisonnement.

FAUX TÉMOIGNAGE EN MATIÈRE DE POLICE,

Sans réception d'argent, etc.

Art. 362, § 3, du code pénal.

D'avoir, le....., à l'audience publique de la justice de paix du canton de....., commis un faux témoignage, en matière de police, contre le sieur B..... (*ou* en faveur du sieur B.....), prévenu de tapage injurieux.

***

Avec réception d'argent, etc.

Art. 364, § 3, 362, § 3, du code pénal.

Et d'avoir, pour faire ladite déposition contraire à la vérité, reçu de l'argent, une récompense quelconque ou des promesses.

***

FAUX TÉMOIGNAGE EN MATIÈRE CIVILE, *sans réception d'argent, etc.*

Art. 363 du code pénal.

D'avoir, le....., devant l'un des juges du tribunal de....., commis pour procéder à une enquête dans l'affaire des héritiers B..... contre la veuve R....., fait un faux témoignage en matière civile.

—

D'avoir, à l'audience du..... du tribunal de commerce de....., commis un faux témoignage en affirmant faussement, sous la foi du serment, avoir payé au sieur H..... le prix d'un bœuf à lui vendu par le sieur R.....

Serment déféré ou référé.

—

Art. 366 du code pénal.

D'avoir, le....., à l'audience publique du tribunal de....., où le serment lui avait été déféré, fait un faux serment en matière civile.

Subornation de témoins.

—

SUBORNATION EN MATIÈRE CORRECTIONNELLE, *sans réception d'argent, etc.*

Art. 365 (362) du code pénal.

D'avoir, le....., à P....., suborné les témoins R..... et S..... pour les déterminer à déposer en sa faveur de faits contraires à la vérité, dans une enquête à l'audience correctionnelle du tribunal de.....;

Laquelle déposition mensongère a été réellement faite.

SUBORNATION EN MATIÈRE CIVILE, *sans réception d'argent, etc.*

Art. 365 (363) du code pénal.

D'avoir, le....., à R....., suborné les nommés R..... et S..... pour les déterminer à faire un faux témoignage, en matière civile, en faveur du sieur R.....; lequel faux témoignage a été fait devant M. le juge de paix du canton de....., à l'audience du....., dans l'affaire introduite contre ledit P..... à la requête du sieur V.....

SUBORNATION EN MATIÈRE DE POLICE, *sans réception d'argent, etc.*

Art. 365, 362, § 3, du code pénal.

D'avoir, le....., à P....., suborné le sieur R..... pour le déterminer à déposer en sa faveur de faits contraires à la vérité, dans une enquête à l'audience de simple police de la justice de paix du canton de.....;

Laquelle déposition mensongère a été réellement faite.

SUBORNATION EN MATIÈRE DE POLICE, *avec réception d'argent, etc.*

Art. 365, 362, § 3, 364, § 3, du code pénal.

En employant, pour commettre cette subornation, de l'argent, une récompense quelconque ou des promesses.

Fonctionnaires (délits de).

—

Art. 175 du code pénal.

D'avoir, dans le courant du mois de....., à P.....; dans diverses circonstances, pris des intérêts dans les adjudications, entreprises et régies dont le sieur R..... paraissait seul chargé pour la commune, et dont le sieur V..... avait la surveillance en sa qualité de maire.

—

De s'être associé, depuis moins de trois ans, et pendant qu'il était maire de la commune de....., avec l'entrepreneur chargé de la construction du presbytère et d'un canal, alors qu'il avait la surveillance des travaux qui devaient être exécutés par cet entrepreneur.

Forêts.

—

Art. 33 et 34 du code forestier.

D'avoir, le....., dans la forêt de....., appartenant à l'État, coupé un baliveau chêne d'un mètre 85 c. de tour, dans la coupe dont il s'est rendu adjudicataire le.....

Art. 45 (192, 198) du code forestier.

D'avoir, le....., dans la coupe qui lui a été adjugée dans la forêt de....., coupé, à l'aide de la scie, trois chênes vifs de chacun six décimètres de tour.

Art. 37, 46 du code forestier.

D'avoir, le....., en la commune de....., dans la forêt de....., appartenant à l'Etat, coupé à la faux 35 plants, essence pin, dans un semis naturel âgé de moins de 5 ans, le nettoiement étant formellement interdit par le cahier des charges dans cette partie de la forêt.

Art. 144 du code forestier, modifié par la loi du 18 juin 1859.

D'avoir, le....., dans la forêt de....., appartenant à l'État, coupé à l'aide d'une faucille une certaine quantité d'herbes formant le chargement d'une bête de somme.

D'avoir, le....., en la commune de....., dans une forêt appartenant à l'Etat, enlevé sans autorisation une certaine quantité de pierres, sable, minerai, terre ou gazon, tourbe, bruyères, genêts, herbages, feuilles vertes ou mortes, engrais existant sur le sol des forêts, glands, faînes et autres fruits ou semences des bois et forêts.

Art. 147 du code forestier.

D'avoir, le....., dans la forêt de....., appartenant à l'Etat, passé hors des chemins ordinaires, avec une charrette chargée et attelée de deux chevaux, dans un taillis âgé de moins de dix ans.

Art. 148 du code forestier.

D'avoir, le....., en la commune de....., allumé du feu à une distance de moins de 200 mètres de la forêt de:....., appartenant à l'État.

Art. 192 du code forestier, modifié par la loi du 18 juin 1859.

D'avoir, le....., dans la forêt de....., appartenant à l'État, coupé à l'aide d'une serpe et enlevé deux brins de chêne ayant chacun deux décimètres de tour.

Art. 194 du code forestier, modifié par la loi du 18 juin 1859.

D'avoir, dans le cours du mois de....., en la commune de....., coupé et enlevé cinq chênes ayant moins de deux décimètres de tour, dans un bois appartenant au sieur A..... ;

Ou cassé, enlevé, à l'aide d'une charrette ou d'une bête de somme, une certaine quantité de bois.

∿

Art. 195 du code forestier, modifié par la loi du 18 juin 1859.

D'avoir, le....., dans la forêt de....., au canton appelé....., sis en la commune de....., arraché et emporté un fagot de jeunes plants.

∿

Art. 198 du code forestier.

D'avoir, dans la forêt de....., enlevé un faix de bois vert coupé par lui à l'aide d'une serpe.

∿

Art. 199 du code forestier.

D'avoir, le....., dans la forêt de....., fait pacager vingt brebis dans un taillis au-dessous de dix ans.

∿

Art. 400 du code forestier.

D'avoir, dans la forêt de....., appartenant à l'État, au mois de juin dernier, après le délai de vidange passé, laissé différents tas de brandes formant ensemble 135 fagots dans la coupe qui lui a été vendue.

Fournisseurs (délits des).

—

Art. 433 du code pénal.

D'avoir, le....., à P....., en sa qualité de fournisseur de la marine, commis une fraude sur la quantité de la chose fournie, au préjudice de l'administration de la canonnière *la Comète*, en ne livrant aux commis aux vivres dudit navire, en retour d'un bon de 89 kilogr., que 34 kilogr. de viande ordinaire, et que 8 kilogr. de viande fine.

———

Garde à vue de bestiaux dans la récolte d'autrui.

—

Art. 26 de la loi des 28 septembre-6 octobre 1791.

D'avoir, le....., gardé à vue une vache dans une pièce de terre ensemencée en froment, située en la commune de....., et appartenant au sieur R.....

———

Grains.

—

Art. 449 du code pénal.

D'avoir, le....., en la commune de....., dans un champ appartenant au sieur A....., coupé des grains qu'il savait appartenir à autrui.

———

GRAINS COUPÉS EN VERT.

Art. 450 du code pénal.

D'avoir, le....., dans la commune de....., coupé du grain en vert.

Loi du 6 missidor an III.

D'avoir, le....., en la commune de.....; commis le délit prévu par la loi du 6 messidor an III, en vendant au sieur R..... une certaine quantité de grains en vert et pendants par racine.

Le nommé R....., d'avoir, le même jour et au même lieu, commis le même délit en achetant ces grains.

Hausse.

Art. 419, 420 du code pénal.

D'avoir, le....., à P....., par des voies et moyens frauduleux, opéré une hausse sur le prix des farines mises en vente ou vendues par lui.

Homicide par imprudence.

Art. 319 du code pénal.

D'avoir, le....., en la commune de....., par maladresse, imprudence, inattention, négligence ou inobservation des règlements, commis involontairement
un homicide sur la personne du sieur A.....

D'avoir, le....., en la commune de,....., par maladresse, imprudence, inattention ou défaut de précaution, commis involontairement un homicide, ou d'en
avoir été involontairement la cause, sur la personne
de son enfant nouveau-né.

(*Voir* CHEMIN DE FER.)

Huissier.

Art. 45 du décret du 14 juin 1813.

D'avoir, le....., à P....., contrevenu à l'art. 45 du
décret du 14 juin 1813, en ne remettant pas lui-même
à la personne du sieur A....., ou à son domicile, l'ex-
ploit d'un protêt qu'il avait été chargé de lui signifier, en sa qualité d'huissier.

Immixtion dans le transport des lettres.

—

Art. 5 de la loi du 27 prairial an IX.— Art. 8 de la loi du 24 août 1848.

D'avoir, le....., en la commune de....., transporté en fraude cinq lettres à l'adresse des sieurs....., et d'avoir ainsi commis une infraction à l'arrêté du 27 prairial an IX, en s'immisçant dans le transport des lettres, journaux, dont le transport est exclusivement confié à l'administration des postes aux lettres.

—

De s'être indûment immiscé dans le transport des lettres, en se chargeant, le....., à P....., de remettre à divers habitants de la commune de..... plusieurs lettres dont il a été trouvé nanti.

—

Imprimeur.

—

Art. 7 de la loi des 27-29 juillet 1849.

D'avoir, dans le cours du mois de....., à P....., imprimé un écrit traitant de matières politiques et ayant moins de dix feuilles d'impression, intitulé....., sans avoir, en sa qualité d'imprimeur, déposé au parquet

de M. le procureur impérial de P..... ledit écrit
24 heures avant toute publication et distribution.

~~~

Art. 14 et 16 de la loi du 21 octobre 1814.

D'avoir, dans le cours du mois de....., à P....., imprimé des bulletins électoraux avant d'avoir déclaré
qu'il se proposait de les imprimer, et d'avoir publié
ces bulletins avant d'avoir déposé à la préfecture le
nombre prescrit d'exemplaires.

~~~

Art. 17 de la loi du 21 octobre 1814.

D'avoir, dans le cours du mois de....., à P....., imprimé sans indication de son nom et de sa demeure
plusieurs exemplaires de pétition, qui ont été ensuite
colportés et signés de signatures vraies ou fausses.

Incendie par imprudence.

Art. 458 du code pénal.

D'avoir, le....., en la commune de....., par son imprudence et son défaut de précaution, causé involontairement l'incendie de la maison qu'il occupait, en
négligeant de faire nettoyer les cheminées de ladite
maison.

~~~

Art. 148 du code forestier.

D'avoir, le....., en la commune de....., par des feux allumés à moins de 100 mètres d'un bois appartenant à autrui, causé involontairement l'incendie partielle dudit bois.

Inhumation sans autorisation.

Art. 358 du code pénal.

D'avoir, depuis moins de trois ans, en la commune de....., inhumé, sans autorisation préalable de l'officier public, un enfant mort dont elle était accouchée (ou un individu décédé, le....., à.....).

Injure.

Art. 19, § 1er, de la loi du 17 mai 1819.

D'avoir, le....., injurié publiquement un agent de l'autorité publique, en disant, en présence de plusieurs personnes, dans une auberge, à....., qu'il était.....

Art. 19, § 2, de la loi du 17 mai 1819.

D'avoir, le....., en la commune de....., injurié pu-

bliquement le sieur R....., en le traitant sur la voie
publique, en présence de plusieurs personnes, de.....

Inondation.

—

Art. 457 du code pénal.

D'avoir, le....., au moulin de....., inondé diverses
propriétés appartenant à autrui, en élevant le déver-
soir de ses eaux au-dessus de la hauteur déterminée
par l'autorité administrative.

Instruction publique.

—

Art. 29 de la loi des 19 janvier, 26 février, 15 et
27 mars 1850.

D'avoir, depuis moins de deux mois, en la commune de....., ouvert et dirigé une école libre, sans
être muni de certificats de capacité et sans avoir fait
les déclarations préalables exigées par la loi.

—

D'avoir, dans le courant du mois de....., en la commune de....., réuni un certain nombre d'écoliers pour
leur donner en commun des leçons de lecture, d'écriture, de grammaire et de calcul, pour lesquelles il

exigeait un salaire, sans avoir préalablement rempli
les formalités prescrites par la loi du 15 mars 1850,
et d'avoir ainsi commis le délit d'ouverture d'école
sans autorisation, prévu et puni par l'art. 29 de la
loi des 15 et 27 mars 1850.

~~~

Art. 26, 29 de la loi des 19 janvier, 26 février, 15 et
27 mars 1850.

D'avoir, depuis moins de six mois, en la commune
de....., ouvert une école libre et exercé la profession
d'instituteur, sans brevet de capacité ni autorisation,
et après avoir été précédemment condamné pour vol.

~~~

Art. 33, 29 de la loi des 19 janvier, 26 février, 15 et
27 mars 1850.

D'avoir, depuis moins de six mois, ouvert une école
privée dans la commune de....., au mépris de la sus-
pension dont il avait été l'objet des fonctions d'instituteur communal qu'il exerçait dans ladite commune
de.....

Jeux (tenue de maison de).

—

Art. 410 du code pénal.

D'avoir, dans le courant du mois de....., à P.....,
tenu une maison de jeux de hasard, dans laquelle il
admettait le public.

Journaux.

Art. 3 et 4 de la loi des 16-23 juillet 1850.

D'avoir, à P....., inséré dans le nº du journal du 21 de ce mois un article non signé commençant par ces mots :....., et finissant par ceux-ci :....., renfermant la discussion des actes de la compagnie du chemin de fer de Paris à Bordeaux.

D'avoir, à P....., dans son numéro du....., publié sans signature d'auteur un article commençant par ces mots :....., et contenant la discussion ou tout au moins le blâme indirect d'une décision judiciaire.

D'avoir, dans le numéro du journal..... du....., inséré sans signature d'auteur un article intitulé..... et s'occupant d'économie sociale ou d'intérêts collectifs.

Art. 15 du décret des 17-23 février 1852.

D'avoir, dans ledit article de journal, inséré des nouvelles fausses de nature à troubler la paix publique, en exagérant le nombre des blessés dans la catastrophe du....., arrivée sur le chemin de fer à.....

Art. 5 et 8 de la loi du 18 juillet 1828.

D'avoir, à P....., depuis le 12 novembre jusqu'au 22 décembre dernier, contrevenu aux dispositions des art. 5 et 8 de la loi du 18 juillet 1828 :

1° En ne surveillant pas et en ne dirigeant pas par lui-même la rédaction des 18 numéros du journal....., dont il était le seul gérant responsable, lesquels 18 numéros ont été publiés dans cet intervalle de temps ;

2° En ne signant pas en minute et au moment de la publication ceux des exemplaires dudit journal qui ont été déposés au parquet de M. le procureur impérial.

Art. 1er et 5 du décret organique des 17-23 février 1852.

D'avoir, depuis le 5 janvier dernier, à P....., créé et publié un journal intitulé :....., sans en avoir obtenu préalablement l'autorisation du gouvernement.

Art. 1er du décret organique des 17-23 février 1852, art. 6 de loi du 18 juillet 1828.

D'avoir, dans le cours du mois de....., à P....., étant gérant du journal..... et alors qu'il avait cessé d'être propriétaire dudit journal, et qu'une société d'actionnaires s'étaient constituée pour son exploitation, négligé de faire au secrétariat de la préfecture de..... la déclaration de cette mutation survenue parmi les propriétaires dudit journal, dans les quinze jours qui ont suivi ladite mutation.

Art. 6 et 11 du décret organique des 17-23 février 1852.

D'avoir, le....., à P....., contrevenu à l'art. 6 du décret organique du 17-23 février 1852, en ne soumettant pas au timbre un exemplaire n° 63 du journal.....

~~~

Art. 3 et 5 du décret organique des 17-23 février 1852.

D'avoir, dans le courant du mois de....., publié un journal ou écrit périodique sans avoir satisfait aux conditions prescrites par l'art. 3 du décret organique du 17-23 février 1852.

~~~

Art. 11 de la loi du 25 mars 1822, et 17 de la loi du 9 septembre 1835.

D'avoir, le....., à....., refusé d'insérer dans le journal dont il est propriétaire ou éditeur une lettre qui lui avait été adressée par le sieur B..... en réponse à un article publié dans son journal le....., et dans lequel ledit B..... avait été nommé ou désigné.

~~~

Art. 42 de la Constitution du 14 janvier 1852, modifié par l'art. unique du sénatus-consulte des 2, 4 février 1861.

D'avoir rédigé et livré à la publication :
1° Dans le numéro du..... du....., un article commençant par ces mots :..... et finissant par ceux-ci :.....;

2° Dans le numéro du....., un article commençant par ces mots :....., et finissant par ceux-ci :.....;

Lesdits articles constituant des comptes rendus de séances du Corps législatif autres que ceux dressés, à l'issue de chaque séance, par les soins du Président du Corps législatif ;

De s'être ainsi rendu complice des délits de reproduction illicite de séances du Corps législatif, commis par le sieur....., imprimeur, à qui il procurait par la remise des articles incriminés les moyens nécessaires à leur perpétration.

Libraire.

Art. 11 de la loi du 21 octobre 1814,— 24 du décret organique des 17-23 février 1852.

D'avoir, dans le courant du mois.de....., à P....., exercé la profession de libraire sans avoir obtenu le brevet exigé par l'art. 11 de la loi du 21 octobre 1814.

Manœuvres pratiquées dans le but de troubler la paix publique.

Art. 2 de la loi du 2 mars 1858

D'avoir, dans le courant du mois de....., à P....., dans le but de troubler la paix publique , pratiqué des manœuvres ou entretenu des intelligences soit à l'intérieur, soit à l'étranger.

Marques de fabrique, d'un établissement particulier de banque ou de commerce (Contrefaçon. — Usage).

Loi des 23-27 juin 1857.

Art. 7, n° 1.

D'avoir, dans le courant du mois de....., à....., frauduleusement contrefait une marque de fabrique ou de commerce.

Ou fait usage d'une marque de fabrique ou de commerce, sachant qu'elle était contrefaite.

Art. 7, n° 2.

D'avoir, à la même époque et au même lieu, frauduleusement apposé sur divers produits ou objets de son commerce une marque appartenant à autrui.

Art. 7, n° 3.

Ou sciemment vendu ou mis en vente un ou plusieurs produits revêtus d'une marque contrefaite ou frauduleusement apposée.

Art. 8, n° 1.

D'avoir, dans le cours du mois de....., à....., fait une imitation frauduleuse, de nature à tromper l'ache-

teur, de la marque de fabrique ou de commerce du
sieur R.....

—

Ou fait sciemment usage d'une marque de fabrique
ou de commerce frauduleusement imitée.

Art. 8, n° 2.

Ou fait sciemment usage d'une marque de fabrique
ou de commerce portant des indications propres à
tromper l'acheteur sur la nature du produit.

Art. 8, n° 3.

Ou sciemment vendu ou mis en vente un ou plusieurs produits revêtus d'une marque de fabrique ou
de commerce frauduleusement imitée ou portant des
indications propres à tromper l'acheteur sur la nature
du produit.

Art. 9 de la loi des 23-27 juin 1857.

N° 1.

D'avoir, dans le courant du mois de....., à....., contrevenu aux dispositions du décret en date du.....,
en n'apposant pas sur divers produits de son commerce une marque déclarée obligatoire.

N° 2.

Ou sciemment vendu ou mis en vente un ou plusieurs produits de son commerce ne portant pas la
marque déclarée obligatoire pour cette espèce de
produits.

Menaces.

—

MENACE DE MORT.

Art. 305 du code pénal.

D'avoir, le....., à P....., dans un écrit signé de lui, menacé d'assassinat, avec ordre de remplir une condition déterminée, le sieur V....., propriétaire à.....

—

D'avoir, le....., à P....., dans un écrit anonyme, menacé d'empoisonnement (*ou* de tout autre attentat contre sa vie) le sieur V..... s'il ne déposait pas dans un lieu déterminé une somme d'argent.

Art. 306 du code pénal.

D'avoir, le....., à P....., dans un écrit signé de lui (*ou* dans un écrit anonyme), menacé d'assassinat (*ou* d'empoisonnement) le sieur R.....

Art. 307 du code pénal.

D'avoir, le....., à P....., verbalement menacé de mort le sieur R..... s'il ne lui donnait pas à boire et à manger.

MENACES D'INCENDIE.

Art. 436 (305) du code pénal.

D'avoir, le....., à P....., dans un écrit anonyme (*ou* signé par lui), menacé le sieur R..... d'incendier sa maison, s'il ne déposait pas dans un lieu déterminé une somme d'argent.

Art. 436 du code pénal.

D'avoir, le....., à P....., dans un écrit anonyme (*ou* signé par lui), menacé le sieur R..... d'incendier sa maison.

D'avoir, le....., à P....., verbalement menacé le sieur R..... d'incendier sa maison s'il ne lui donnait pas à boire et à manger.

MENACES DE VOIES DE FAIT OU VIOLENCES.

Art. 308 du code pénal.

D'avoir, le....., à P....., verbalement menacé le sieur R..... de lui porter un coup de poing s'il ne lui donnait pas des vêtements.

D'avoir, le....., à P....., verbalement *ou* par écrit, menacé de voies de fait ou violences non prévues par l'art. 305 le sieur R..... s'il ne déposait pas dans un lieu déterminé une somme d'argent.

Mendicité.

—

Art. 274 du code pénal.

D'avoir été trouvé mendiant, le....., à P....., lieu où il existe un établissement public organisé afin d'obvier à la mendicité.

~~

Art. 275, § 1ᵉʳ, du code pénal.

De s'être livré habituellement à la mendicité, quoi-que valide, et notamment d'avoir mendié, dans le cou-rant du mois de....., en la commune de.....

~~

Art. 275, § 2, du code pénal.

De s'être livré habituellement à la mendicité quoique valide, et notamment d'avoir mendié dans le cours du mois de....., en la commune de....., hors du can-ton de sa résidence.

~~

Art. 276, § 1ᵉʳ, du code pénal.

D'avoir, dans le courant du mois de....., en la com-mune de....., mendié avec menaces *ou* après s'être introduit, sans la permission du propriétaire ou des personnes de sa maison, dans une habitation ou dans un enclos en dépendant.

~~

Art. 276, § 2 (§ 3), du code pénal.

D'avoir, le....., à P....., étant valide, mendié en simulant des infirmités (*ou* en réunion de plusieurs personnes).

Art. 277 du code pénal.

D'avoir, le....., à P....., alors qu'il se livrait habituellement à la mendicité, été trouvé travesti *ou* porteur d'armes *ou* muni de limes, crochets ou autres instruments propres à commettre des vols ou à lui procurer les moyens de pénétrer dans les maisons.

Art. 278 du code pénal.

D'avoir, le....., à P....., été trouvé porteur d'une somme supérieure à cent francs, sans pouvoir en justifier la provenance.

Mutilation d'arbres.

Art. 445 du code pénal.

D'avoir, le....., en la commune de....., coupé et abattu un arbre qu'il savait appartenir à autrui.

Art. 446 (445) du code pénal.

D'avoir, le....., en la commune de....., abattu, mutilé, coupé ou écorcé, de manière à les faire périr, huit peupliers qu'il savait appartenir à autrui.

Art. 447 (445) du code pénal.

D'avoir, le....., en la commune de....., coupé et abattu un arbre qu'il savait ne pas lui appartenir, avec cette circonstance que ledit arbre avait deux greffes qui ont été détruites.

Art. 448 (446) du code pénal.

D'avoir, le....., à P....., abattu, mutilé, coupé ou écorcé, de manière à les faire périr, quatorze jeunes arbres qui avaient été plantés sur le boulevard de..... par les ordres de l'autorité publique.

Octroi.

Art. 8 de la loi du 29 mars 1832, et 9 de la loi du 24 mai 1834.

D'avoir, le....., introduit dans la ville de N..... 13 mètres de bois d'ouvrage, avec l'intention bien arrêtée de les soustraire au payement des droits.

D'avoir, le....., frauduleusement introduit un dé-
calitre d'avoine dans la ville de....., sans en avoir fait
la déclaration à l'octroi et sans en avoir acquitté les
droits.

Art. 8 de la loi du 29 mars 1832, et 9 de la loi du 24 mai
1834.

D'avoir, le....., fait une fausse déclaration aux employés de l'octroi du bureau de....., en ne déclarant
que deux stères de bois, lorsqu'il a été constaté par un
procès-verbal régulier que la quantité de bois conte-
nue dans sa charrette était de trois stères.

Art. 1er, 6, 19, 24, 27, 46 de la loi du 28 avril 1816.

1° D'avoir, le....., à P....., enlevé et déplacé une
certaine quantité d'eau-de-vie sans avoir payé les
droits de circulation ;

2° D'avoir fait ce transport sans déclaration préalable et sans être muni d'un congé ;

3° D'avoir introduit de l'eau-de-vie dans un lieu
sujet aux droits d'entrée, sans faire de déclaration au
bureau d'octroi et sans acquitter les droits.

Art. 96 de la loi du 28 avril 1816.

D'avoir, le....., à P....., contrevenu à l'art. 61 de la
loi du 28 avril 1816, en recélant dans sa maison vingt
hectolitres de vin appartenant au sieur R....., débi-
tant.

Art. 96 de la même loi.

D'avoir, le....., été trouvé détenteur, dans le lieu de son débit, d'un fût de vin contenant deux hectolitres, sans pouvoir justifier d'acquit-à-caution ou d'expédition qui devaient accompagner ces liquides.

Art. 15 de la loi du 27 frimaire an VIII.

De s'être opposé, le....., à P....., à l'exercice des fonctions des employés de l'octroi qui voulaient vérifier son chargement.

Offenses envers la personne de l'Empereur.

—

Art. 1er de la loi des 27-29 juillet 1849 (art. 1er de la loi du 17 mai 1819, 1, 2 du décret des 11-12 août 1848).

D'avoir, le....., à P....., dans le café du nommé R....., où étaient réunies plusieurs personnes, commis une offense envers la personne de l'Empereur, en disant publiquement.....

Art. 1er de la loi des 27-29 juillet 1849.

D'avoir, le....., à P....., par des discours proférés en public et par une adresse écrite et exposée dans des lieux publics, attaqué les droits que l'Empereur tient de la Constitution et de la souveraineté nationale.

Opposition avec voies de fait à des travaux autorisés.

—

Art. 438 du code pénal.

De s'être opposé par voies de fait, au commencement du mois de....., dans la commune de....., à la construction des travaux autorisés par le gouvernement pour l'élargissement du chemin vicinal n° 54 de moyenne communication, conduisant de..... à.....

Orfévre.

—

Árt. 77, 80 de la loi du 19 brumaire an VI (9 novembre 1797).

D'avoir, dans le courant du mois de....., à P....., négligé de porter au bureau de la garantie et de faire marquer et poinçonner un anneau qu'il avait fabriqué lui-même, et dans lequel il y avait de l'or.

—

Art. 74, 80 de la loi du 19 brumaire an VI.

De n'avoir pas inscrit sur son registre la vente qu'il a faite, le....., au sieur R....., de ce même anneau.

—

Art. 423 du code pénal.

Enfin d'avoir, le même jour et au même lieu, trompé le sieur R..... sur le titre et la valeur de ce bijou, en lui persuadant qu'il était entièrement d'or, et en le lui faisant acheter comme tel.

Art. 75, 80 de la loi du 19 brumaire an VI.

D'avoir, le....., en la commune de....., acheté d'une personne inconnue une montre en or.

Art. 76, 80 de la loi du 19 brumaire an VI.

D'avoir, le....., à P....., après en avoir été légalement requis, refusé de présenter à l'autorité publique le registre prescrit par l'art. 74 de la loi du 15 brumaire an VI.

Art. 78, 80 de la loi du 19 brumaire an VI.

D'avoir, le....., à P....., contrevenu à l'art. 78 de la loi du 19 brumaire an VI, en ne plaçant pas dans le lieu le plus apparent de son magasin un tableau énonçant les articles de la présente loi relatifs aux titres et à la vente des ouvrages d'or et d'argent.

Art. 74, 77, 80 de la loi du 19 brumaire an VI.

D'avoir, dans le courant du mois de....., à P....., contrevenu aux art. 74 et 77 de la loi du 19 brumaire an VI, en se trouvant détenteur, dans son magasin, de 15 pièces d'argenterie qui n'étaient pas revêtues du contrôle de la garantie, et en ne les ayant pas inscrites sur le registre prescrit par la loi, après l'achat qu'il en avait fait.

Outrages.

Art. 222, § 1er, du code pénal.

D'avoir, le....., à P....., par paroles tendant à inculper son honneur ou sa délicatesse, outragé le maire de cette commune dans l'exercice ou à l'occasion de l'exercice de ses fonctions, en lui disant.....

D'avoir, le....., à P....., adressé au maire de cette commune, dans l'exercice ou à l'occasion de l'exercice de ses fonctions, un écrit (*ou* dessin) contenant des outrages de nature à inculper l'honneur ou la délicatesse de ce magistrat.

D'avoir, le....., à P....., par paroles (par écrit ou dessin non rendus publics), tendant à inculper leur honneur ou leur délicatesse, outragé un ou plusieurs jurés dans l'exercice de leurs fonctions ou à l'occasion de cet exercice.

Art. 222, § 2, du code pénal.

D'avoir, le....., à l'audience du tribunal correctionnel de..... (*ou* de la cour d'assises de.....), outragé,
par paroles tendant à inculper son honneur ou sa
délicatesse, un magistrat de l'ordre judiciaire dans
l'exercice de ses fonctions, en disant.....

Art. 223, § 1er, du code pénal.

D'avoir, le....., à P.....), outragé par gestes ou menaces M. le maire de cette commune, dans l'exercice
de ses fonctions ou à l'occasion de cet exercice.

—

D'avoir, le....., à P....., outragé par gestes ou menaces un juré dans l'exercice ou à l'occasion de l'exercice de ses fonctions.

Art. 223, § 2, du code pénal.

D'avoir, le....., à l'audience de la cour d'assises
de....., outragé par gestes ou menaces un juré dans
l'exercice ou à l'occasion de l'exercice de ses fonctions.

—

D'avoir, le....., à l'audience du tribunal correctionnel de....., outragé par gestes ou menaces un
magistrat de l'ordre judiciaire dans l'exercice de ses
fonctions ou à l'occasion de cet exercice.

Art. 224 du code pénal.

D'avoir, le....., à P....., par paroles, gestes ou menaces, outragé le garde champêtre de la commune
de....., dans l'exercice ou à l'occasion de l'exercice de
ses fonctions.

—

D'avoir, le....., en la commune de....., outragé par
gestes et paroles la gendarmerie dans l'exercice de
ses fonctions :

Le nommé R.....,
En montrant de loin à la gendarmerie, sur sa réquisition, son permis de chasse, et en lui disant qu'il ne
voulait pas le remettre, quoique son permis fût régulier ;

Le nommé S.....,
En prenant la fuite à l'approche de la gendarmerie,
pour lui faire accroire qu'il n'avait pas de permis de
chasse en règle, et en disant que dernièrement il en
avait remis un à un gendarme qui l'avait déchiré.

Art. 224 du code pénal.

D'avoir, le....., à P....., par paroles, gestes ou menaces, outragé le sieur R....., chargé d'un ministère de
service public, dans l'exercice ou à l'occasion de
l'exercice de ses fonctions.

Art. 224 du code pénal.

D'avoir, le..:.., à P....., outragé par paroles, gestes ou menaces, un huissier pendant qu'il exerçait les fonctions de son ministère, en lui disant.....

Art. 225 du code pénal.

D'avoir, le....., à P....., outragé par paroles, gestes ou menaces, un commandant de la force publique, en lui disant, alors qu'il prenait des renseignements à l'occasion d'un délit de chasse, qu'il se f..... de lui.

Art. 225 du code pénal.

D'avoir, le....., à P....., outragé par paroles, gestes ou menaces, le commandant de la gendarmerie à la résidence de....., dans l'exercice ou à l'occasion de l'exercice ses fonctions.

Art. 5 de la loi du 25 mars 1822.

D'avoir, le....., à....., diffamé *ou* injurié publiquement les autorités publiques de la commune de.....

Art. 6 de la loi du 25 mars 1822.

D'avoir, le....., à P....., outragé publiquement le sieur R....., facteur de la poste, à raison de ses fonctions et de sa qualité, en disant à cet agent qu'il ne connaissait pas son métier.

—

D'avoir, le....., à P....., outragé publiquement, à raison de ses fonctions et de sa qualité, un fonctionnaire public, en disant, dans une auberge, en présence de plusieurs personnes, qu'il était.....

—

D'avoir, le....., à P....., outragé publiquement un juré, à raison de ses fonctions, en lui disant.....

—

D'avoir, le....., à P....., outragé publiquement par paroles le témoin R....., à raison de la déposition qu'il venait de faire devant la Cour impériale.

Art. 8 de la loi du 17 mai 1819.

D'avoir, le....., à P....., outragé, par paroles proférées en des lieux publics, la morale publique et les bonnes mœurs.

Art. 112 de la loi du 15 mars 1849.

D'avoir, le....., à P....., étant membre du collége électoral de la commune de....., et pendant la réunion, outragé le président et les membres du bureau électoral de ladite commune.

Art. 5 du décret des 11-12 août 1848.

D'avoir, le....., à P....., outragé publiquement, à raison de ses fonctions, le ministre d'un culte légalement reconnu par l'Etat.

Art. 6 du décret des 11-12 août 1848.

D'avoir, le....., dans la commune de....., par haine ou par mépris du gouvernement, brisé un buste de S. M. l'Empereur.

—

D'avoir, le même jour, par haine ou par mépris du gouvernement, volontairement enlevé le drapeau tricolore placé sur le clocher de la commune de..... comme signe de l'autorité publique.

—

D'avoir, le....., à P....., porté publiquement des signes extérieurs de ralliement non autorisés par la loi ou par les règlements de police.

Outrage public à la pudeur.

—

Art. 330 du code pénal.

D'avoir, le....., à P....., commis un outrage public à la pudeur, en se livrant, sur la place du marché de cette ville, à des attouchements impudiques sur sa personne.

———

D'avoir, le....., en la commune de....., commis un outrage public à la pudeur, en se livrant, dans une auberge, à des actes obscènes sur la personne de.....

———

D'avoir, le....., en la commune de....., commis un outrage public à la pudeur, en se montrant à nu dans un lieu accessible aux régards du public.

————

Pêche.

———

Art. 5 de la loi du 15 avril 1829.

De s'être livré à la pêche le....., sur le canal la Dive, sans la permission de celui auquel le droit de pêche appartient.

———

D'avoir pêché le....., en la commune de....., dans la rivière d'Auxances, sur le rivage de la prairie de Vaussais, appartenant au sieur R....., et sans l'autorisation de ce propriétaire.

Art. 24 de la même loi.

D'avoir, le....., en la commune de....., établi un barrage sur la rivière l'Auxances, afin d'empêcher le passage du poisson.

Art. 25 de la même loi.

D'avoir, le même jour et au même lieu, jeté dans la rivière d'Auxances des drogues ou appâts de nature à enivrer le poisson ou à le détruire.

Art. 27 de la même loi.

D'avoir, le....., pêché, en temps prohibé, dans la rivière de....., située en la commune de.....

Art. 28 de la même loi.

D'avoir, le....., pêché, à l'aide d'un engin prohibé, dans la rivière de....., située en la commune de.....

Art. 29 de la même loi.

D'avoir, le....., à....., été trouvé porteur, hors de son domicile, d'engins ou instruments prohibés.

(*V.* ordonnance du 15 novembre 1830 ; — loi du 6 juin 1840.)

Art. 4, 5 de la loi du 19 mars 1852.

D'avoir, le....., à....., débarqué un matelot sans l'autorisation de l'autorité maritime.

~~~

Art. 7, n° 4, de la loi du 9 janvier 1852.

D'avoir, le....., à....., transporté des huîtres qui n'avaient pas les dimensions réglementaires.

~~~

Art. 7, n° 1, de la loi du 9 janvier 1852.

1° D'avoir, le....., entre le chenal de la Tremblade et la pointe de Mas-de-Loup, fait usage d'un chalut dont les mailles n'avaient que 24 millimètres en carré, tandis qu'elles devaient avoir au moins 35 millimètres en carré, conformément au paragraphe 19 de l'art. 57 du décret du 4 juillet 1853.

~~~

Art. 14, 8, n° 3, de la loi du 9 janvier 1852.

2° De s'être, le même jour et au même lieu, refusé à laisser opérer à bord du bateau de pêche le *Jeune-Urbain* la visite requise par le sieur R....., garde maritime, chargé par la loi de 1852 de rechercher et de constater les contraventions ;

Le nommé S....., en qualité de patron, et Jacques R....., en qualité d'armateur du sloop le *Jeune-Urbain*, comme responsables, chacun en ce qui le concerne, des amendes encourues à raison des contraventions commises à bord dudit navire.

~~~

Art. 25, § 1er, du décret du 12 décembre 1806, contenant règlement sur le service du pilotage.

1° D'avoir, le....., étant sur la rivière la Charente, entrepris, étant ivre, de piloter le trois-mâts norwégien *Victoria ;*

2° D'avoir, le même jour et au même lieu, abandonné le navire qu'il avait entrepris de piloter, avant qu'il ait été ancré et amarré.

Pharmacie (contraventions aux lois sur la).

—

Art. 36 de la loi du 21 germinal an XI, et loi du 29 pluviôse an XIII.

D'avoir, dans le courant du mois de....., à P....., ouvert une officine de pharmacie, préparé, vendu et débité au poids médicinal des médicaments, sans avoir le titre nécessaire pour cela.

—

D'avoir, le....., à P....., distribué et débité des drogues et préparations médicamenteuses au poids médicinal.

Art. 33 de la loi du 21 germinal an XII.

D'avoir, le....., à....., mis en vente différentes compositions et préparations pharmaceutiques, comme eaù sédative , alcool camphrée , semen-contra en poudre.

—

D'avoir, le....., sur la placé du marché de....., vendu un remède secret au poids médicinal.

⁓

Art. 32 de la loi du 21 germinal an XI, 2 de l'ordonnance du 8 août 1816; arrêt de parlement du 23 juillet 1748.

D'avoir, le....., à....., préparé une potion pharmaceutique sans se conformer, dans sa préparation, à la formule rédigée par un médecin et qui lui avait été remise à cet effet.

—

D'avoir, le....., à....., préparé une potion pharmaceutique dans laquelle il a omis de comprendre un médicament ordonné par le médecin et indiqué dans la formule de son ordonnance.

(*Voir* Vente de substances vénéneuses.)

Port illégal d'uniforme ou de décoration.

—

Art. 259 du code pénal, modifié par l'article unique de la loi du 28 mai 1858.

D'avoir, le....., à P....., porté publiquement un uniforme de gendarme (*ou* une décoration) qui ne lui appartenait pas.

Poste (contraventions aux lois sur la).

Art. 1, 2, 9 de la loi du 4 juin 1859.

D'avoir, dans le cours du mois de....., à....., inséré trois billets de banque de mille francs (*ou* des coupons de dividendes et d'intérêts payables au porteur) dans une lettre mise à la poste, qui n'était pas chargée et n'avait pas été soumise aux formalités prescrites par les art. 2 et 3 de la loi du 4 juin 1859.

Art. 5 de la même loi.

D'avoir, le....., à....., frauduleusement déclaré une valeur supérieure à celle réellement insérée dans une lettre mise à la poste.

Art. 7, 9 de la même loi.

D'avoir, le....., à....., inséré dans une lettre mise à la poste de l'or, de l'argent, des bijoux ou autres objets précieux.

(*Voir* SUPPRESSION DE LETTRES,— VIOLATION DU SECRET DES CORRESPONDANCES, — IMMIXTION DANS LE TRANSPORT DES LETTRES.)

Prêts sur gages.

—

Art. 411 du code pénal.

D'avoir, depuis moins de trois ans, à P....., tenu, sans autorisation légale, une maison de prêts sur gages ou nantissement.

Provocation à commettre un crime.

—

Art. 1er et 2 de la loi du 17 mai 1819.

D'avoir, le....., à P....., par des cris ou menaces proférés dans des lieux publics, provoqué le sieur R..... à commettre un homicide volontaire sur la personne du nommé S....., sans que ladite provocation ait été suivie d'effet, en disant :.....

Provocation à commettre un délit.

—

Art. 1er et 3 de la loi du 17 mai 1819.

D'avoir, le....., en la commune de....., par des discours proférés dans un lieu public, provoqué le nommé B..... à commettre un délit de coups et bles-

sures volontaires, sans que ladite provocation ait été
suivie d'effet, en criant à ce dernier.....

Provocation à la désobéissance aux lois.

—

Art. 1ᵉʳ et 6 de la loi du 17 mai 1819.

D'avoir, le....., à P....., par des discours, des cris
ou des menaces proférés dans des lieux ou réunions
publics, provoqué à la désobéissance aux lois.

Rébellion.

—

Art. 209, 211, § 2, du code pénal.

D'avoir, le....., à P....., commis le délit de rébellion,
en réunion de trois personnes, sans armes, en résistant
avec violences et voies de fait à un garde national, en
cherchant à le désarmer, en faussant sa baïonnette et
en déchirant la capote de cet agent de la force armée,
qui agissait pour l'exécution des lois et ordonnances
de l'autorité publique.

Art. 209, 212, § 1ᵉʳ, du code pénal.

D'avoir, le....., à P....., commis le délit de rébellion,
en résistant avec violences et voies de fait, et avec

armes, au gendarme R....., agissant pour l'exécution des lois.

Art. 209, 212, § 2, du code pénal.

D'avoir, le....., à P....., résisté avec violences et voies de fait à un agent de la force publique agissant pour l'exécution des lois.

Recel du cadavre d'une personne homicidée.

Art. 359 du code pénal.

D'avoir, le....., à P....., sciemment recélé ou caché le cadavre de l'enfant homicidé dont était accouchée la nommée R..... *ou* le cadavre d'une personne homicidée ou morte des suites de coups ou blessures.

Recel de malfaiteurs.

Art. 248 du code pénal.

D'avoir, le....., à P....., recélé le nommé R....., détenu évadé, qu'il savait avoir commis un crime pour lequel il avait été condamné à une peine afflictive et infamante.

20

Recrutement.

—

Art. 41 de la loi du 21 mars 1832, et 270 de la loi du
9 juin-4 août 1857.

D'avoir, le....., en la commune de....., tenté de se
soustraire aux obligations du service militaire, en se
coupant les deux premières phalanges de l'index de la
main droite.

—

D'avoir, le....., à P....., en s'appliquant aux parties
génitales un vésicatoire, tenté de se rendre impropre
provisoirement au service militaire, dans le but de se
soustraire aux obligations imposées par la loi du
21 mars 1832.

Refus d'un service légalement dû.

—

Art. 234 du code pénal.

D'avoir, le....., à P....., alors qu'il avait été légalement requis par l'autorité civile, refusé de faire agir
la force à ses ordres.

~

Art. 236 du code pénal.

D'avoir, le....., à P....., allégué une excuse reconnue

fausse pour se dispenser de comparaître comme témoin devant le tribunal de.....

Révélation de secrets.

—

Art. 378 du code pénal.

D'avoir, le....., à P....., révélé, hors le cas où la loi oblige à se porter dénonciateur, un secret qui ne lui avait été confié qu'en sa qualité de médecin, *ou* de chirurgien, *ou* d'officier de santé, *ou* de pharmacien, *ou* de sage-femme.

Roulage.

—

Art. 2, n° 3, 3e §, de la loi des 12, 30 avril, 30 mai, 8 juin 1851.

D'avoir, le....., à P....., contrevenu aux articles 116 et 122 de la loi du 25 mars 1817, en recevant dans la voiture dont il était conducteur un voyageur de plus que sa voiture ne comportait de places déclarées.

—

D'avoir, le....., à P....., contrevenu à la loi sur la police du roulage, en admettant dans la voiture dont il était le conducteur un plus grand nombre de voyageurs que celui indiqué sur le panneau de sa voiture, et supérieur à celui déterminé par le laissez-passer dont il était porteur.

Art. 8 de la loi des 12, 30 avril, 30 mai, 8 juin 1851.

D'avoir, le....., à P....., fait usage, sur une voiture dont il était propriétaire ou conducteur, d'une plaque portant un nom ou domicile faux ou supposé.

Art. 10 de la même loi.

D'avoir, le....., en la commune de....., refusé d'obtempérer à l'ordre de la gendarmerie qui le sommait d'arrêter sa voiture.

Rupture de ban.

—

Art. 44 et 45 du code pénal.

D'avoir, le....., à P....., rompu le ban de surveillance auquel il était assujetti, en quittant la ville de...., qui lui avait été assignée comme résidence obligée, et en se rendant à....., sans avoir rempli les formalités prescrites par la loi.

Rupture d'instruments d'agriculture.

Art. 451 du code pénal.

D'avoir, le....., en la commune de....., volontairement rompu ou détruit d'une manière quelconque une

machine servant à battre les grains, appartenant au
sieur R..... (*ou* divers instruments d'agriculture, des
parcs de bestiaux *ou* des cabanes destinées aux gar-
diens).

Séquestration.

—

Art. 343 du code pénal.

D'avoir, le....., en la commune de....., sans ordre des
autorités constituées, et hors les cas où la loi ordonne
de se saisir des individus, arrêté, détenu ou séquestré
la personne de....., avec cette circonstance que ladite
détention ou séquestration n'a pas duré dix jours.

Société secrète.

(*Voir* ASSOCIATION ILLICITE.)

Substitution, supposition, suppression, enlèvement, recel d'enfant mort-né ou dont l'existence n'a pas été établie.

—

SUBSTITUTION.

Art. 345, § 2, du code pénal.

D'avoir, le....., à....., frauduleusement substitué à l'enfant dont elle était accouchée un enfant dont l'existence n'a pas été établie *ou* qui n'a pas vécu.

SUPPOSITION.

!Art. 345 du code pénal, § 2.

D'avoir, le....., à....., fait inscrire sur les registres de l'état civil de la commune de....., comme étant né d'elle et de son mari, bien qu'elle ne fût pas accouchée, un enfant dont l'existence n'a pas été établie *ou* qui n'a pas vécu.

SUPPRESSION, ENLÈVEMENT OU RECEL.

Art. 345 du code pénal, § 2.

D'avoir, le....., à....., frauduleusement enlevé, recélé ou supprimé un enfant dont l'existence n'a pas été établie *ou* qui n'a pas vécu.

Suppression ou déplacement de bornes.

Art. 456 du code pénal.

D'avoir, le....., en la commune de....., supprimé ou déplacé une borne (*ou* des pieds corniers *ou* autres arbres) établissant les limites de divers héritages.

Suppression de lettres confiées à la poste.

Art. 187 du code pénal.

D'avoir, le....., à P....., alors qu'il était employé comme surnuméraire au bureau des postes à P....., supprimé une lettre confiée à la poste, à l'adresse du sieur R.....

(*Voir* VIOLATION DU SECRET DES CORRESPONDANCES.)

Théâtre.

Art. 1er et 2 de la loi du 30 juillet-2 août 1850; — art. 1er et 2 du décret du 30 décembre 1852-11 janvier 1853; — art. 1er de la loi du 6 juillet 1853; — art. 428 du code pénal·

D'avoir contrevenu aux dispositions de la loi du 30 juillet-2 août 1850, en établissant, le....., à P....., un théâtre, et en y faisant représenter des ouvrages dra-

matiques sans en avoir préalablement obtenu l'autorisation, soit pour l'établissement de son théâtre, soit
pour chacune des pièces représentées.

D'avoir, vers la même époque et au même lieu,
étant directeur de spectacle, fait représenter sur son
théâtre des ouvrages dramatiques au mépris des lois
et règlements relatifs à la propriété des auteurs.

Tromperie.

Art. 1er, n° 1er, de la loi des 10, 19, 27 mars,
1er avril 1851 ; — art. 423 du code pénal.

D'avoir, le....., en la commune de....., falsifié, à
l'aide d'un mélange frauduleux de trois-six, des eaux-
de-vie destinées à être vendues.

D'avoir, dans le courant du mois de....., à....., falsifié quatre barriques de vin rouge destinées à être
vendues, en y ajoutant des matières colorantes qui ont
rendu ce vin impotable.

D'avoir, dans le courant du mois de....., à....., falsifié, à l'aide d'un mélange frauduleux, une substance
médicamenteuse destinée à être vendue.

D'avoir, le......, à P......, falsifié des substances ou denrées alimentaires destinées à être vendues, en mélangeant une grande quantité de haricots et de féverolles avec la farine qu'il fabriquait pour être vendue comme farine de pur froment.

∾

Art. 1ᵉʳ, n° 2, de la loi des 10, 19, 27 mars, 1ᵉʳ avril 1851; — art. 423 du code pénal.

D'avoir vendu ces farines ainsi mélangées, sachant qu'elles étaient mélangées, et notamment cinq sacs au sieur R......

—

D'avoir, le......, à P......, vendu au sieur R...... une certaine quantité d'œufs, sachant qu'ils étaient corrompus.

—

D'avoir, le......, à......, vendu au sieur V...... une certaine quantité de viande qu'il savait être corrompue.

—

Ou tout au moins d'avoir, le......, à......, vendu ou mis en vente des substances ou denrées alimentaires *ou* médicamenteuses qu'il savait être falsifiées ou corrompues.

∾

Art. 1ᵉʳ, n° 3, de la loi des 10, 19, 27 mars, 1ᵉʳ avril 1851; — art. 423 du code pénal.

D'avoir, le......, à P......, trompé, sur la quantité de la chose vendue, le sieur R......, en livrant à la domestique de ce dernier un pain qui, par sa forme et son volume, indiquait un poids nominal de 4 kilos, tandis qu'il ne pesait en réalité que 3 kilos 730 grammes, et avait ainsi sur son poids total un déficit de 270 grammes.

—

D'avoir, le....., à P....., trompé sur la quantité de la chose vendue, en livrant au sieur R..... un pain qui, par sa forme et son volume, indiquait un poids nominal de 2 kilos, et faisait croire ainsi par ces indications frauduleuses à un pesage antérieur et exact, tandis qu'en réalité il ne pesait que 1 kilogramme 760 grammes, et avait ainsi un déficit de 240 grammes.

—

D'avoir, le....., à P....., exposé ou mis en vente un ou plusieurs pains qui ne pesaient pas le poids réel indiqué par leur forme, et d'avoir ainsi tenté de tromper les acheteurs sur la quantité de la chose exposée ou mise en vente, par des indications frauduleuses tendant à faire croire à un pesage antérieur et exact.

Art. 423 du code pénal.

D'avoir, dans le courant du mois de....., à P....., trompé le sieur R..... sur la nature de la marchandise vendue, en lui livrant pour du noir pur du noir mélangé de près d'un tiers de matière non fertilisante.

Art. 423 du code pénal.

D'avoir, le....., à P....., trompé le sieur B..... sur la nature de la chose vendue, en lui livrant pour un livre de prières un volume du *Paradis perdu*, de Milton.

Art. 423 du code pénal.

D'avoir, dans le cours du mois de....., à....., trompé le sieur B..... sur la nature de la marchandise vendue, en lui livrant des engrais qui ne contenaient pas la quantité de principes fertilisants promise.

Art. 423 du code pénal.

D'avoir, le....., trompé le sieur R....., boulanger à P....., sur la nature de la marchandise vendue, en lui livrant comme étant propre à la panification et comme étant de la farine de froment de 3ᵉ qualité, une certaine quantité de farine dans laquelle entrait pour un cinquième environ de farines légumineuses, et qui contenait 20 0⁄0 environ de mouture provenant de graines nuisibles à la santé.

(*Voir* ORFÉVRE.)

Art. 3 de la loi des 10, 19, 27 mars, 1ᵉʳ avril 1851.

D'avoir, le....., à P....., été trouvé, sans motifs légitimes, détenteur dans sa boutique d'une fausse balance *ou* d'une romaine inexacte.

D'avoir, le....., à P....., été trouvé, sans motifs légitimes, détenteur dans son magasin, *ou* dans sa boutique, *ou* dans son atelier, *ou* dans sa maison de commerce, *ou* à son étal dans une halle, foire ou marché,
d'un faux poids, *ou* d'une mesure fausse, *ou* d'appareils inexacts servant au pesage ou au mesurage, *ou*
de substances alimentaires ou médicamenteuses qu'il
savait être falsifiées ou corrompues.

Troubles apportés à l'ordre public par les mi-nistres des cultes dans l'exercice de leur ministère.

Art. 201 du code pénal.

D'avoir, le....., en la commune de....., dans l'exercice de son ministère et en assemblée publique, prononcé un discours contenant la critique ou censure
d'un acte de l'autorité publique.

Art. 202, § 1er, du code pénal.

D'avoir, le....., à P....., dans l'exercice de son ministère et en assemblée publique, prononcé un discours contenant une provocation directe à la désobéissance aux lois ou autres actes de l'autorité publique,
ou tendant à soulever ou armer une partie des citoyens
les uns contre les autres.

Art. 207 du code pénal.

D'avoir, dans le courant du mois de....., à P....., sur des questions ou matières religieuses, entretenu une correspondance avec une cour ou puissance étrangère, sans en avoir préalablement informé le ministre chargé de la surveillance des cultes et sans avoir obtenu son autorisation.

Usage d'un timbre-poste ayant déjà servi.

Article unique de la loi du 16 octobre 1849.

D'avoir, le....., à P....., fait sciemment usage d'un timbre-poste ayant déjà servi à l'affranchissement d'une lettre.

(*V.* CONTREFAÇON DE TIMBRES-POSTE.)

Usure habituelle.

Art. 2 de la loi des 15 juin, 1ᵉʳ juillet, 19 et 27 décembre 1850 (art. 4 de la loi du 3 septembre 1807).

D'avoir, à P....., depuis l'année....., et notamment depuis le mois de..... jusqu'au jour de son incarcération, commis le délit d'usure habituelle par un grand nombre de prêts successivement faits, à des distances de moins de trois ans, à divers taux qui se sont élevés de 7 0[0 pour les sieurs R..... et P....., et jusqu'à 15 0[0 et au-dessus pour les sieurs N..... et V.....

—

D'avoir commis le délit d'habitude d'usure : 1° en prêtant, au mois de janvier dernier, à P....., au sieur A....., une somme de 150 fr. à un intérêt supérieur au taux légal ; 2° en prêtant, le...., à P....., au sieur B....., une somme de 200 fr. à un intérêt supérieur au taux légal.

—

De s'être habituellement livré à l'usure, depuis le..... jusqu'au mois de....., à....., dans le département de....., et notamment dans l'arrondissement de....., en stipulant, exigeant, se faisant remettre ou se réservant, à l'occasion de divers prêts ou de leurs renouvellements et prorogations, sans qu'il se soit écoulé plus de trois ans entre chacun de ces prêts, des primes, bonifications, augmentations du capital prêté ou prestations quelconques, et en prêtant ainsi, à un taux excédant l'intérêt légal, plusieurs sommes d'argent à diverses personnes, et notamment aux nommés.....

Usurpation de fonctions.

Art. 258 du code pénal.

De s'être, le....., à P....., immiscé dans les fonctions publiques de facteur postal, et d'avoir fait les actes de ces fonctions.

Usurpation de nom, de titres.

Art. 259 du code pénal modifié ; — article unique de la loi du 28 mai 1858.

D'avoir, dans le courant du mois de....., à P....., sans droit et dans le but de s'attribuer une distinction honorifique, publiquement changé, altéré ou modifié le nom que lui assignent les actes de l'état civil :

1o En signant du nom de R..... de B..... son acte de mariage dressé le..... par l'officier de l'état civil de la commune de....., quand son acte de naissance ne lui donnait que le nom de R..... ;

2o En signant également du nom de R..... de B..... la minute de son contrat de mariage, reçu le..... par B....., notaire à..... ;

3o En s'attribuant ou se laissant attribuer le nom de R..... de B..... dans un acte de vente reçu le..... par le même notaire, en signant ce même acte dudit nom de R..... de B.....

D'avoir, vers la même époque et au même lieu, sans droit et dans le but de s'attribuer une distinction honorifique, pris publiquement le titre de baron *ou* de comte, etc.

(*Voir* PORT ILLÉGAL D'UNIFORME OU DE DÉCORATION.)

Vagabondage.

—

Art. 269, 270 et 271 du code pénal.

D'avoir, dans le courant du mois de....., en la commune de....., été trouvé en état de vagabondage, comme (*ou* c'est-à-dire) n'ayant ni domicile certain ni moyen de subsistance, et n'exerçant habituellement ni métier ni profession.

Art. 277 du code pénal.

D'avoir, le....., à P....., étant en état de vagabondage, été trouvé travesti, *ou* porteur d'armes, *ou* muni de limes, crochets et autres instruments propres soit à commettre des vols, soit à procurer les moyens de pénétrer dans les maisons.

Art. 279 du code pénal, § 1er.

D'avoir, le....., à P....., alors qu'il se trouvait en état de vagabondage et de mendicité habituelle, exercé ou tenté d'exercer des violences envers la personne du sieur R.....

Vapeur (contraventions aux lois sur les machines à).

—

Art. 7 de la loi du 21 juillet 1856.

D'avoir, le....., en la commune de....., fait fonctionner une machine à vapeur ou chaudière à une pression supérieure au degré déterminé dans l'acte d'autorisation, *ou* d'avoir surchargé les soupapes d'une chaudière, faussé ou paralysé les autres appareils de sûreté.

—

D'avoir, le....., à....., étant propriétaire, gérant ou directeur d'une machine à vapeur, donné des ordres pour que le chauffeur ou mécanicien fît fonctionner la machine ou chaudière à une pression supérieure au degré déterminé dans l'acte d'autorisation, ou pour que les soupapes en fussent surchargées.

Vente de substances vénéneuses.

—

Art. 1er de la loi du 19 juillet 1845.

D'avoir, le....., à....., contrevenu aux dispositions de l'ordonnance du 29 octobre 1846, portant règlement sur la vente, l'achat et l'emploi des substances vénéneuses, sans avoir observé les prescriptions exigées par la loi.

21

Art. 1er de l'ordonnance du 19 juillet 1845; 2, 3 et 12 de l'ordonnance du 29 octobre 1846, complétée par le décret du
8 juillet 1850.

1° D'avoir, le......, à P....., vendu une certaine quantité de cyanure de potassium sans avoir exigé une
demande écrite et signée de l'acheteur ; 2° d'avoir fait
cette vente au sieur C....., qui n'est pas compris dans
la catégorie des personnes désignées par l'art. 2 de
l'ordonnance de 1846 ; 3° d'avoir livré la substance
vénéneuse dont il s'agit sans indiquer sur son registre
la profession et le domicile de l'acheteur ; 4° d'avoir
livré ladite substance sans prendre aucune des pré-
cautions nécessaires pour éviter les accidents.

Art. 1er de la loi du 19 juillet 1845; 3 de l'ordonnance du
29 octobre 1846.

De n'avoir pas tenu régulièrement le registre spé-
cial exigé, pour l'inscription des achats ou ventes de
substances vénéneuses, par l'ordonnance du 29 octobre 1846, en laissant des blancs sur plusieurs pages
de ce registre, et notamment sur le verso du 2e feuillet
et sur le recto des 2e et 3e feuillets, alors que les in-
scriptions devaient être faites de suite et sans aucun
blanc.

De n'avoir pas tenu régulièrement le registre spé-
cial exigé pour l'inscription des achats et ventes de

substances vénéneuses, en n'inscrivant pas sur ce registre les ventes faites depuis le mois de.....

(*Voir* PHARMACIE.)

Violation de domicile.

Art. 184, § 2, du code pénal.

D'avoir , le....., violé le domicile du sieur A....., propriétaire , demeurant à P....., en s'introduisant, avec violences et contre le gré de celui-ci , dans une maison occupée par ledit A.....

D'avoir, le....., en la commune de....., pénétré, à l'aide de violences et de menaces, dans le domicile du sieur R.....

Art. 184, § 2, du code pénal.

D'avoir, le....., à P....., violé le domicile de Jeanne S....., sa femme, en s'introduisant, à l'aide de violences et contre le gré de celle-ci, dans le domicile de cette dernière qui, par suite de la demande en séparation de corps qu'elle a formée, a été autorisée à demeurer isolément par une ordonnance de M. le président du tribunal.

Violation de tombeaux.

Art. 360 du code pénal.

D'avoir, dans les premiers jours du mois d'avril dernier, enlevé des couronnes et des ossements humains placés dans le cimetière de l'Hôpital-des-Champs, situé en la commune de....., et d'avoir ainsi commis une violation de tombeaux ou de sépultures.

Violation des règlements relatifs aux manufactures.

Art. 413 du code pénal.

D'avoir, depuis moins de trois ans, à P....., contrevenu à des règlements d'administration publique relatifs aux produits de manufactures françaises qui s'exportent à l'étranger, et qui ont pour objet de garantir la bonne qualité, les dimensions et la nature de la fabrication.

Art. 417 du code pénal.

D'avoir, depuis moins de trois ans, à P....., dans la vue de nuire à l'industrie française, envoyé ou fait passer en pays étranger des ouvriers d'un établissement manufacturier.

Art. 418, § 1ᵉʳ, du code pénal.

D'avoir, le....., à P....., frauduleusement communiqué (*ou* tenté de communiquer) à des étrangers ou à un Français résidant en pays étranger des secrets de la fabrique où il était employé en qualité de directeur, *ou* de commis, *ou* d'ouvrier.

Art. 418, § 2, du code pénal.

D'avoir, le....., à P....., communiqué à un Français résidant en France des secrets de la fabrique où il était employé en qualité de directeur, *ou* de commis, *ou* d'ouvrier.

Violation du secret des correspondances.

Art. 187 du code pénal.

D'avoir, depuis moins de trois ans, à P....., alors qu'il était agent de l'administration des postes, ouvert une dépêche administrative adressée par M. le Préfet de..... à M. R.....

D'avoir, depuis la même époque et au même lieu, alors qu'il était agent de l'administration des postes, ouvert et supprimé une lettre déposée au bureau où il était employé, et qui était destinée à un habitant de la commune de.....

Voiturier.

Art. 387 du code pénal.

§ 1er.

D'avoir, le....., à P....., par le mélange de substances malfaisantes, altéré (*ou* tenté d'altérer) des vins *ou* toute autre espèce de liquides ou marchandises dont le transport lui avait été confié en sa qualité de voiturier *ou* de batelier (*ou* à titre de préposé du sieur R....., voiturier ou batelier).

§ 2.

D'avoir, le....., à P....., par une addition d'eau (*ou* par le mélange de substances qui n'étaient pas malfaisantes), frauduleusement altéré (*ou* tenté d'altérer) des vins dont le transport lui avait été confié en sa qualité de voiturier, batelier (*ou* à titre de préposé du sieur R....., voiturier ou batelier).

Vols.

Art. 388, § 1er, du code pénal.

D'avoir, le....., dans un champ dépendant de la commune de....., où ils avaient été placés en pacage, soustrait frauduleusement deux moutons et un cheval au préjudice du sieur A.....;

Ou soustrait frauduleusement (*ou* tenté de soustraire frauduleusement), dans un champ où ils avaient été placés, des instruments d'agriculture.

Art. 388, § 2, du code pénal.

D'avoir, dans le courant du mois de....., en la commune de....., soustrait frauduleusement, dans une vente, une certaine quantité de bois de chauffage au préjudice du sieur B..... (*ou* des pierres dans une carrière, *ou* des poissons dans un étang, vivier ou réservoir).

Art. 388, § 3, du code pénal.

D'avoir, le....., dans un champ dépendant de la commune de....., soustrait frauduleusement (*ou* tenté de soustraire frauduleusement), au préjudice du sieur R....., des récoltes ou autres productions utiles de la terre déjà détachées du sol (*ou* des meules de grains faisant partie de récoltes).

Art. 388, § 4, du code pénal.

D'avoir, le....., dans un champ dépendant de la commune de....., soustrait frauduleusement (*ou* tenté de soustraire frauduleusement), à l'aide d'une voiture *ou* d'animaux de charge (*ou* pendant la nuit, *ou* en réunion de plusieurs personnes), au préjudice du sieur V....., des récoltes ou autres productions utiles de la terre déjà détachées du sol.

Art. 388, § 5, du code pénal.

D'avoir, le....., en la commune de....., à l'aide d'un panier, d'un sac ou tout autre objet équivalent, soustrait frauduleusement (*ou* tenté de soustraire frauduleusement), au préjudice du sieur N....., des récolfes non encore détachées du sol.

—

D'avoir, le....., dans un champ dépendant de la commune de....., soustrait frauduleusement, à l'aide d'une voiture *ou* d'animaux de charge (*ou* pendant la nuit, *ou* en réunion de plusieurs personnes), au préjudice du sieur A....., des récoltes ou autres productions utiles de la terre, qui, avant d'être soustraites, n'étaient pas encore détachées du sol.

Art. 389 du code pénal.

D'avoir, le....., en la commune de....., dans le but d'usurper frauduleusement une certaine quantité de terrain appartenant au sieur A....., et de soustraire frauduleusement, au préjudice de celui-ci, des herbes accrues sur ce terrain, volontairement enlevé *ou* tenté d'enlever des bornes servant de séparation aux propriétés (*ou* établissant les limites de divers héritages).

Art. 401 du code pénal.

D'avoir, le....., à P....., soustrait frauduleusement une somme de 400 fr. au préjudice du sieur A.....

—

D'avoir, depuis moins de trois ans, dans les communes de....., à diverses fois, et notamment au cours des mois de....., soustrait frauduleusement divers effets mobiliers au préjudice du sieur V.....

—

D'avoir, le....., à P....., tenté de soustraire frauduleusement un chapeau de paille au préjudice du sieur R.....

—

D'avoir, le....., à....., commis un acte de filouterie (*ou* tenté de commettre un acte de filouterie) au préjudice du sieur.....

FIN.

TABLE DES MATIÈRES.

QUALIFICATIONS CRIMINELLES.

QUALIFICATIONS CORRECTIONNELLES.

FIN DE LA TABLE.

Poitiers.—Typ. de A. Dupré.

www.ingramcontent.com/pod-product-compliance
Lightning Source LLC
Chambersburg PA
CBHW060131200326
41518CB00008B/999